Sekundarstufe

Milena Angioni

Stationenlernen Französisch

1

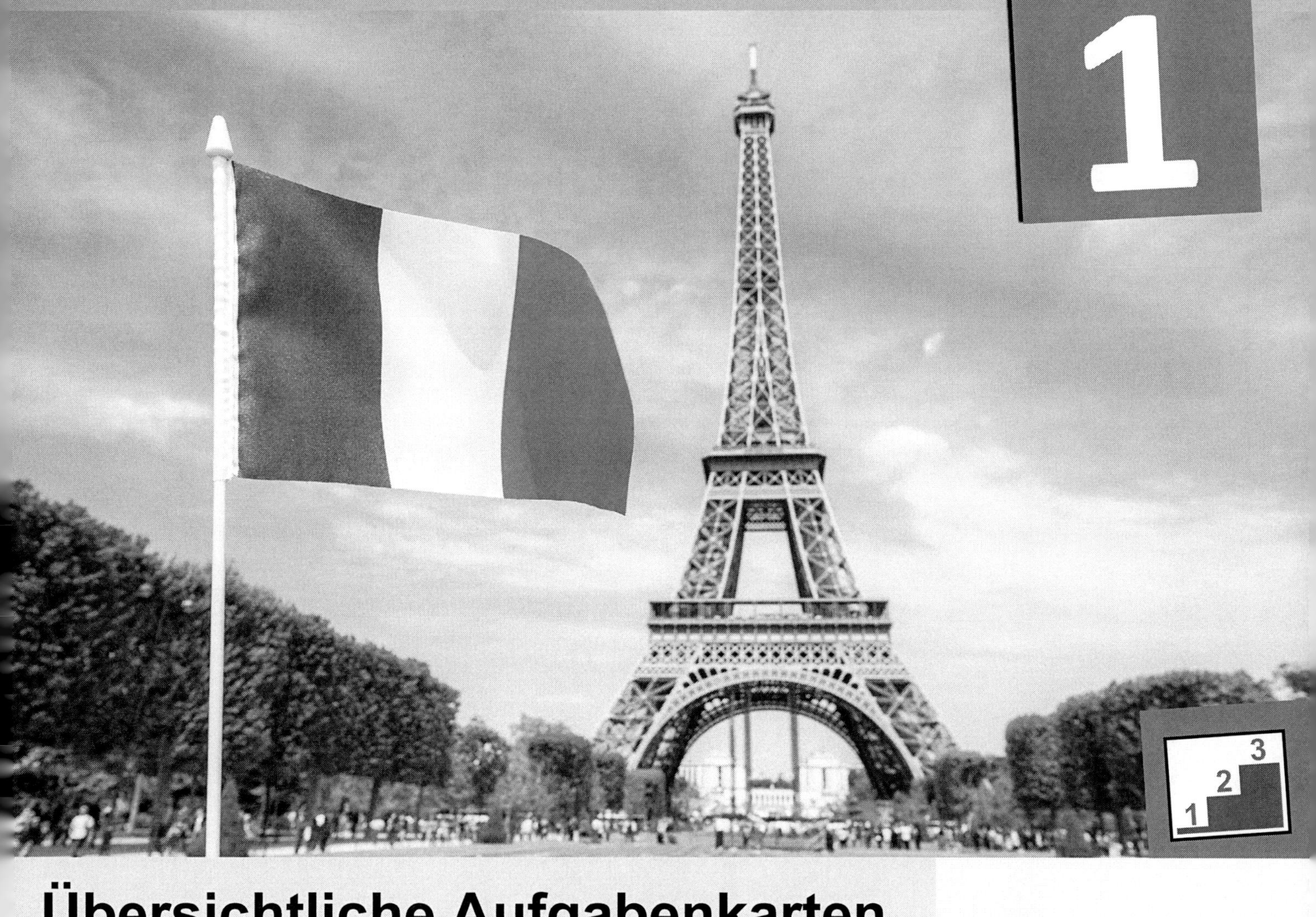

Übersichtliche Aufgabenkarten zum selbstständigen Lernen

im 1. Lernjahr

www.kohlverlag.de

Stationenlernen Französisch – Sekundarstufe I

1. Lernjahr

1. Aufl age 2023

Inhalt: Milena Angioni
Coverbilder: © nosyrevy, lazyllama - AdobeStock.com
Redaktion: Kohl-Verlag
Grafik & Satz: Kohl-Verlag
Druck: farbo prepress GmbH, Köln

Bestell-Nr. 12 982

ISBN: 978-3-98841-000-9

Bildquellen © AdobeStock.com

S. 8: tanarch; **S. 9/10**: Kateina; **S. 11/12**: Design&Ideenreich; **S. 13/14**: katarzyna; **S. 15/16/17/18**: selma; **S. 19/20**: Jan Engel, Askhat; **S. 21/22**: Luis, Echeverri, Urrea, Design&Ideenreich; **S. 23/24**: Ezume Images, blende11.photo, Albachiaraa; **S. 25/26**: Ezume Images, Christian Gernert; **S. 27/28**: Patryssia; **S. 29/30**: Onidji; **S. 31**: studiolaut; **S. 32**: Eva Kali; **S. 33-44**: alekseyvanin, Yurii; **S. 45/46**: MikroOne, katerina_dav, ssstocker; **S. 47/48**: katerina_dav, Volha Hlinskaya, eyewave; **S. 49**: katerina_dav; **S. 50**: katerina_dav, strichfiguren; **S. 51/52**: katerina_dav; **S. 53/54**: anatolir, katerina_dav, Yana Alisovna, Rogatnev, Onidji; **S. 55/56**: absent84; **S. 57/58**: topvectors, Sensvector, biscotto87, artinspiring, thruer; **S. 59/60**: artinspiring, Volha Hliuskaya; **S. 61/62**: Volha Hliuskaya; **S. 63/64**: artinspiring, Robert Kneschke; **S. 65/66**: bsd studio; **S. 67/68**: Robert Kneschke; **S. 69/70**: binik; **S. 71/72**: Robert Kneschke; **S. 73/74**: Robert Kneschke, Yusufdemirci; **S. 75/76**: beskovaekaterina, Анастасия Красавина, miobuono; **S. 77/78**: alinart, Jemastock, tatoman, MKavalenkau, brichuas, ihorzigor, tatoman; **S. 79/80**: Анастасия Красавина;

Der vorliegende Band ist eine Print-Einzellizenz

Sie wollen unsere Kopiervorlagen auch digital nutzen? Kein Problem – fast das gesamte KOHL-Sortiment ist auch sofort als PDF-Download erhältlich! Wir haben verschiedene Lizenzmodelle zur Auswahl:

	Print-Version	PDF-Einzellizenz	PDF-Schullizenz	Kombipaket Print & PDF-Einzellizenz	Kombipaket Print & PDF-Schullizenz
Unbefristete Nutzung der Materialien	x	x	x	x	x
Vervielfältigung, Weitergabe und Einsatz der Materialien im eigenen Unterricht	x	x	x	x	x
Nutzung der Materialien durch alle Lehrkräfte des Kollegiums an der lizenzierten Schule			x		x
Einstellen des Materials im Intranet oder Schulserver der Institution			x		x

Die erweiterten Lizenzmodelle zu diesem Titel sind jederzeit im Online-Shop unter www.kohlverlag.de erhältlich.

Inhalt

Übersicht / Benötigte Materialien

Les nombres

Station	Seiten	⊙ / ✶	E / P	benötigte Materialien
Les nombres I	9/10	⊙	E/P	Schere, Kleber
Les nombres II	11/12	⊙	E	Bleistift
Les nombres III	11/12	⊙	E	Bleistift
Les nombres VI	13/14	⊙	E	Bleistift
Les nombres V	13/14	⊙	E	Bleistift
Les nombres VI	15/16	✶	E	Bleistift
Les nombres VII	15/16	⊙	E	Bleistift
Les nombres VIII	17/18	✶	P	Bleistift
Les nombres IX	19/20	✶	P	Bleistift
Les nombres X	21/22	✶	E	Bleistift
Les nombres XI	21/22	✶	E	Bleistift

Stationenlernen Französisch / Sekundarstufe I
1. Lernjahr – Bestell-Nr. 12 982

Übersicht / Benötigte Materialien

La date et l'année

Station	Seiten	⊙ / ✶	E / P	benötigte Materialien
La date et l'année I	23/24	⊙	E	Bleistift
La date et l'année II	23/24	⊙	E	Bleistift
La date et l'année III	25/26	✶	E/P	Schere, Kleber
La date et l'année IV	27/28	⊙	E/P	Bleistift
La date et l'année V	29/30	⊙	E/P	Bleistift
La date et l'année VI	29/30	✶	E/P	Bleistift
La date et l'année VII	31	✶	P	–
La date et l'année VIII	32	✶	E/P	Bleistift

Les véhicules

Station	Seiten	⊙ / ✶	E / P	benötigte Materialien
Les véhicules I	33/34	⊙	E	Bleistift
Les véhicules II	33/34	⊙	E	Bleistift
Les véhicules III	35/36	⊙	E	Bleistift
Les véhicules IV	35/36	⊙	E	Bleistift
Les véhicules V	37/38	✶	E	Bleistift
Les véhicules VI	37/38	✶	E	Bleistift
Les véhicules VII	39/40	✶	E	Bleistift
Les véhicules VIII	39/40	✶	E	Bleistift
Les véhicules IX	41/42	✶	E	Bleistift
Les véhicules X	41/42	✶	E	Bleistift
Les véhicules XI	43/44	✶	E/P	Bleistift
Les véhicules XII	43/44	✶	E	Bleistift

En ville

Station	Seiten	⊙ / ✶	E / P	benötigte Materialien
En ville I	45/46	⊙	E/P	Bleistift
En ville II	45/46	⊙	E/P	Bleistift

Übersicht / Benötigte Materialien

En ville

Station	Seiten	⊙ / ✶	E / P	benötigte Materialien
En ville III	47/48	⊙	E	Bleistift
En ville IV	47/48	⊙	E	Bleistift
En ville V	49	✶	P	–
En ville VI	50	✶	P	–
En ville VII	51/52	✶	E	Bleistift, Stadtplan *En ville VI*
En ville VIII	53/54	✶	E	Bleistift, Stadtplan *En ville VI*
En ville IX	53/54	✶	E	Bleistift
En ville X	55/56	⊙	E/P	Schere, Kleber
En ville XI	57/58	✶	E	Bleistift

Les professions

Station	Seiten	⊙ / ✶	E / P	benötigte Materialien
Les professions I	59/60	⊙	E/P	Schere, Kleber
Les professions II	61/62	⊙	E	Bleistift
Les professions III	61/62	⊙	E	Bleistift
Les professions IV	63/64	✶	E	Bleistift
Les professions V	63/64	⊙	E	Bleistift
Les professions VI	65/66	✶	E	Bleistift
Les professions VII	65/66	✶	P	Schere, Kleber

Les activités & les loisirs

Station	Seiten	⊙ / ✶	E / P	benötigte Materialien
Les activités & les loisirs I	69/70	⊙	E	Schere, Kleber
Les activités & les loisirs II-A	71/72	⊙	P	Bleistift
Les activités & les loisirs II-B	73/74	⊙	P	Bleistift

Les pays francophones

Station	Seiten	⊙ / ✶	E / P	benötigte Materialien
Les pays francophones I	75/76	⊙	E	Bleistift
Les pays francophones II	77/78	⊙	E	Bleistift
Les pays francophones III	77/78	⊙	E	Bleistift
Les pays francophones IV	79/80	✶	E/P	Schere, Kleber, Bleistift

Einsatz der Materialien

Sehr geehrte Kolleginnen und Kollegen,

das hier vorliegende Stationenlernen zum Französischunterricht im 1. Lernjahr der Sekundarstufe I dient dem zusätzlichen Einsatz.

Die Reihenfolge der Stationen ist frei wählbar. So können Sie die entsprechenden Stationen je nach bearbeitetem Themenfeld einsetzen. Ebenfalls können die Schülerinnen und Schüler innerhalb der einzelnen Themen die Stationen nach ihrem Wissensstand bearbeiten.

Einige Stationen müssen in Partnerarbeit bearbeitet werden, da sich die Schülerinnen und Schüler beispielsweise gegenseitig Fragen stellen und beantworten oder kleine Dialoge oder Partnerdiktate führen. Andere wiederum werden zunächst in Einzelarbeit bearbeitet und können dann in Partnerarbeit ausgetauscht werden. Alle Lösungen, sofern es geschlossene Aufgaben sind, können die Schülerinnen und Schüler anhand der Lösungskarten selbst kontrollieren.

Stationen:

Der Stationen-Laufzettel enthält bewusst keine Nummerierung, um einen flexiblen Einsatz zu gewährleisten. So kann jeder selbst entscheiden, welche Stationen er bearbeiten möchte. Sie können aber auch nach Belieben die Stationen nummerieren, um so die Schüler bewusst von Aufgabe zu Aufgabe zu lenken.

Stationen-Laufzettel:

Der Stationen-Laufzettel ist so konzipiert, dass die Schülerinnen und Schüler die Stationsnummer und den Stationennamen selbst eintragen. Die Schüler und Schülerinnen haken dann selbstständig ab, welche Station sie bearbeitet haben. Nach der Korrektur wird ein weiterer Haken entweder durch die Lehrkraft oder durch den Schüler gesetzt. In Form eines Smileys wird in der letzten Spalte vermerkt, wie die Aufgabe bewältigt wurde.

Grund- und Expertenaufgaben:

Innerhalb der Themenfelder gibt es Aufgaben im Grundniveau, die mit einem Punkt markiert sind (⊙) und Aufgaben im Expertenniveau, die mit einem Stern gekennzeichnet sind (✶). Somit haben Sie viele Gestaltungsmöglichkeiten. Wo Sie einsteigen, entscheiden Sie. Leistungsstarke Schüler können direkt im Expertenniveau arbeiten. Schwächere Schüler arbeiten derweil im Grundniveau. In den Expertenaufgaben sollen weiterführende und vertiefende Inhalte bearbeitet werden. Sie können auch zur Binnendifferenzierung genutzt werden. Sie als Lehrkraft können die Stationen entsprechend dem Leistungsstand Ihrer Klasse kennzeichnen.

Schwerpunkt aller Aufgaben ist die Wortschatzarbeit.

Einsatz der Materialien

Lösungen:

Manche Aufgaben haben individuelle Lösungen. Hier geht es primär um das Erlernen und Festigen des Wortschatzes. Zu anderen Aufgaben gibt es Lösungen. Sie können die Lösungskarten einmal kopieren und laminieren und an der jeweiligen Station umgedreht oder verdeckt hinterlegen oder nach dem Bearbeiten der Aufgaben aushändigen. So geben Sie die Kontrolle in die Verantwortung des jeweiligen Schülers. Wahlweise können Sie die Kontrolle auch bei Einzelarbeiten in Partnerarbeit vornehmen lassen, indem sich die Schüler gegenseitig korrigieren. Bei den Partneraufgaben ist es sinnvoll, wenn das Schülerpaar gemeinsam seine Ergebnisse kontrolliert.

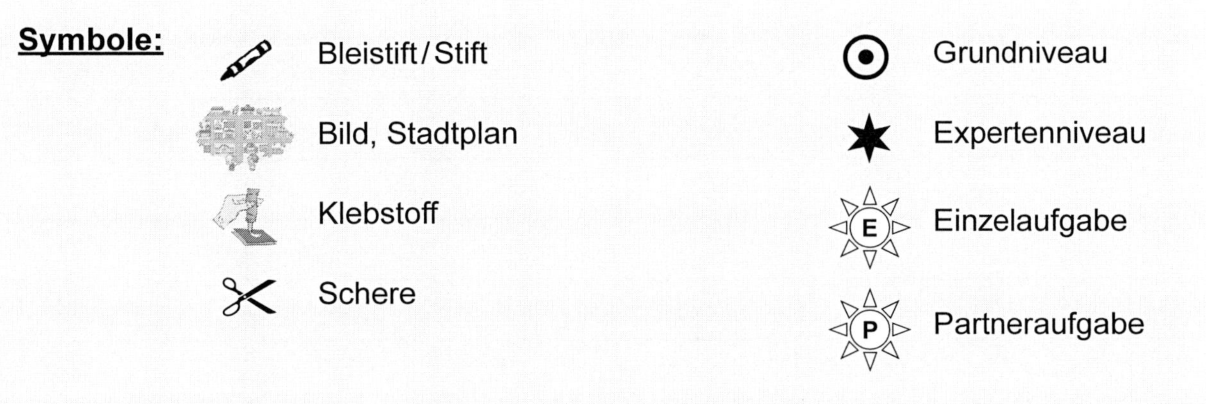

Wir wünschen Ihnen viel Spaß beim Einsatz der Materialien, der Kohl-Verlag und

Milena Angioni

Name:______________________________ Datum:______________________

Stationen-Laufzettel

Grundaufgabe ⦿

Station Nr.	Stationsname	erledigt ✔	korrigiert ✔	☺ Excellent travail! ☺ Déjà pas mal. ☹ Encore uns fois!

Expertenaufgabe ✶

Station Nr.	Stationsname	erledigt ✔	korrigiert ✔	☺ Excellent travail! ☺ Déjà pas mal. ☹ Encore uns fois!

Station – Les nombres

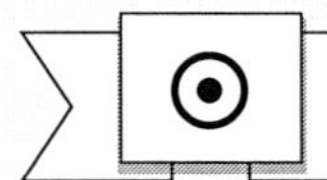

Les nombres I

Coupez les dominos. Arrangez-les et collez-les correctement.
(Schneidet die Domino®-Karten aus und legt sie in die richtige Reihenfolge. Zum Schluss könnt ihr sie aufkleben.)

dix-sept	18	quatorze	15
onze	12	dix-huit	19
quinze	16	DÉPART	11
seize	17	douze	13
dix-neuf	20	treize	14
vingt	ARRIVÉE		

KOHL VERLAG Lernen mit Erfolg
Stationenlernen Englisch / Grundschule
Band 2: Date, time, seasons ... – Bestell-Nr. 12 132

Station – Les nombres

Lösung: **Les nombres I**

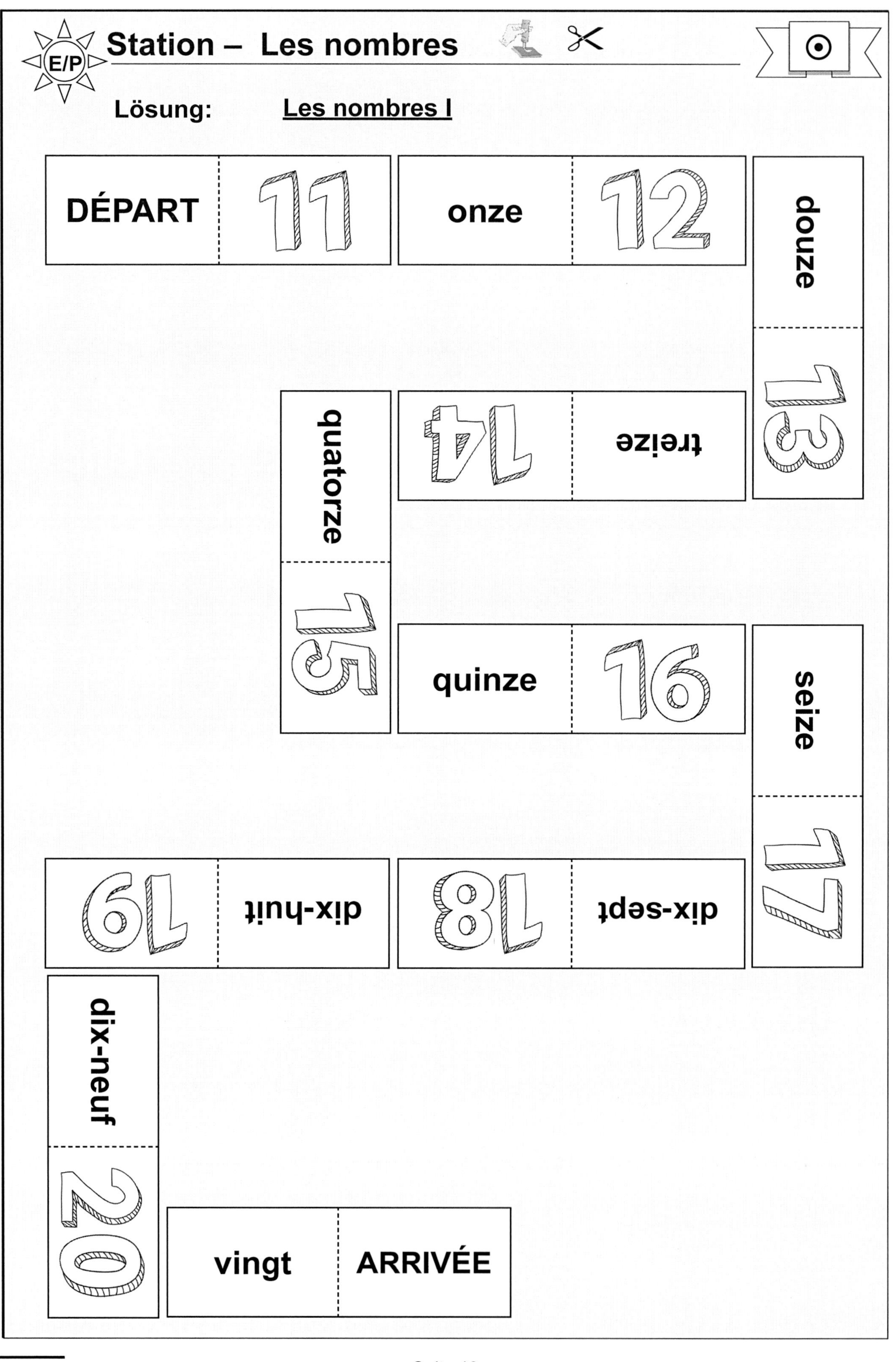

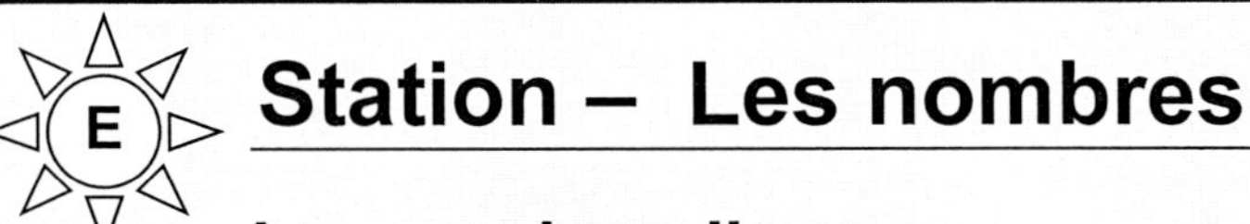

Station – Les nombres

Les nombres II

Relie les mots avec les nombres.
(Lies und ordne die Zahlen den richtigen Wörtern zu.)

quarante

vingt

20

trente

30

cinquante

50

40

dix

Stationenlernen Französisch / Sekundarstufe I
1. Lernjahr – Bestell-Nr. 12 982
KOHL VERLAG Lernen mit Erfolg

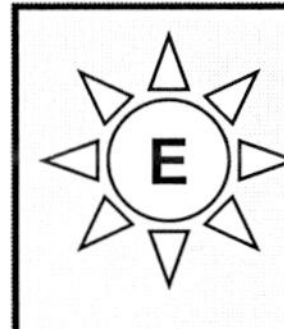

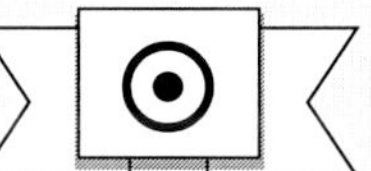

Station – Les nombres

Les nombres III

Relie les mots avec les nombres.
(Lies und ordne die Zahlen den richtigen Wörtern zu.)

soixante-dix

quatre-vingt-dix

cent

100

quatre-vingt

Stationenlernen Französisch / Sekundarstufe I
1. Lernjahr – Bestell-Nr. 12 982
KOHL VERLAG Lernen mit Erfolg

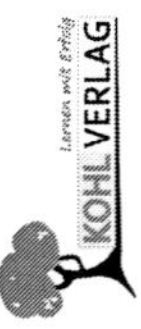

Station – Les nombres

E

Lösung: **Les nombres II**

10
quarante
20
vingt
trente
30
cinquante
50
40
dix

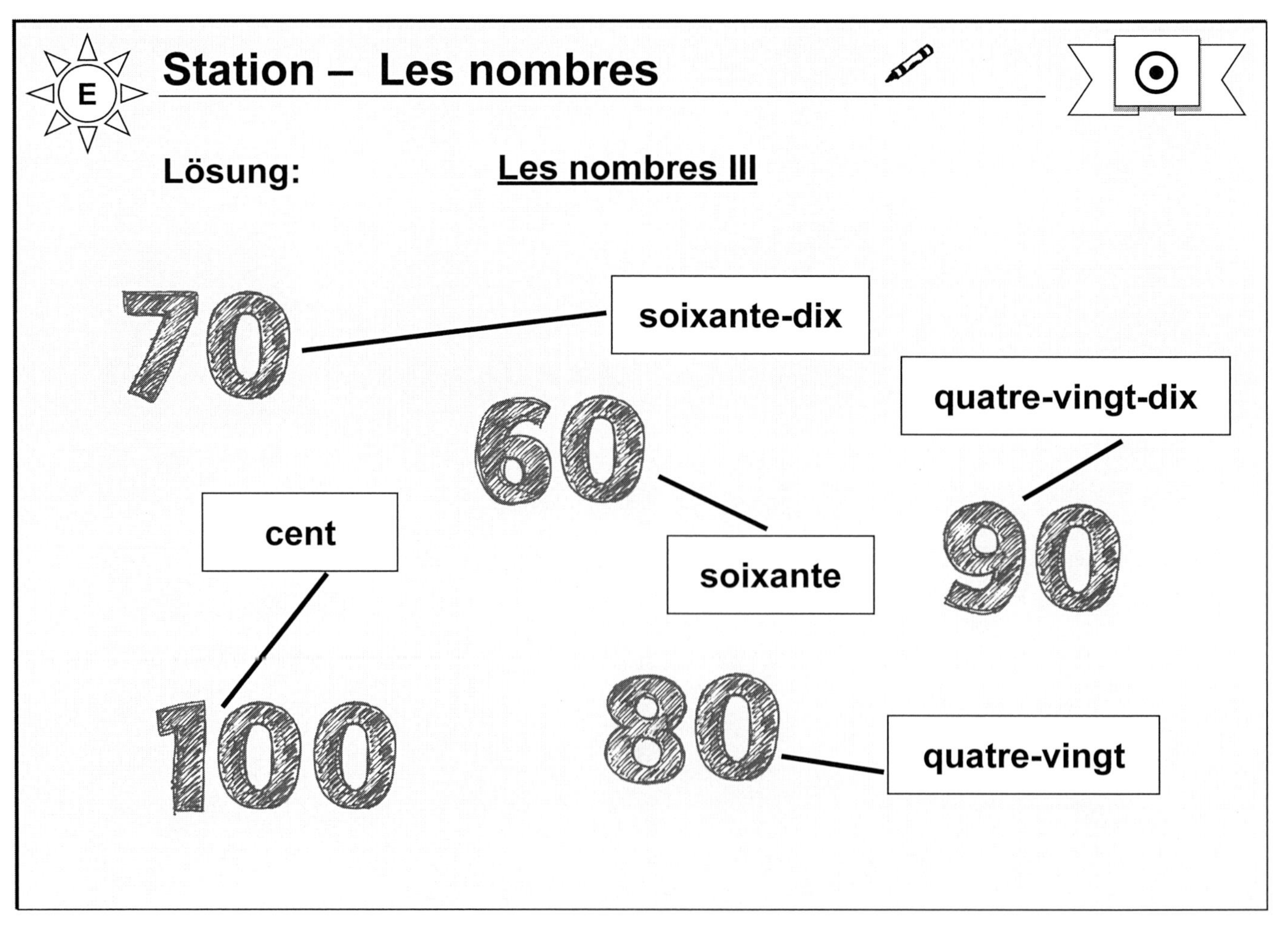

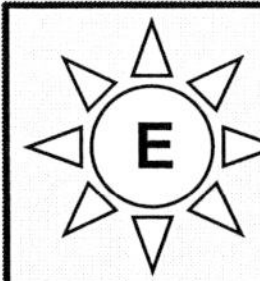

Station – Les nombres

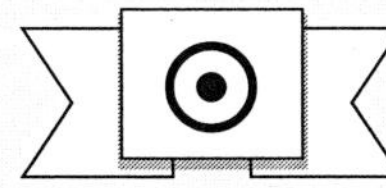

Les nombres IV

Lis les nombres et met-les dans le bon ordre.
(Lies die Zahlen und verbinde sie in der richtigen Reihenfolge.)

vingt-et-un 

vingt-huit 

vingt-neuf 

vingt-deux 

vingt-sept

trente 

vingt-trois 

vingt-six 

vingt-cinq 

vingt-quatre 

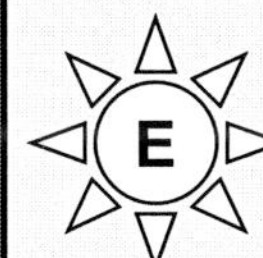

Station – Les nombres

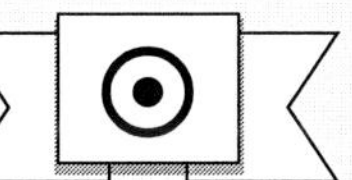

Les nombres V

Ecris les nombres et fais le calcul.
(Schreibe die Zahlen in die Aufgaben und schreibe das Ergebnis auf.)

trente-cinq ______ **+ trois** ___ **=** ______________ _____

trente-deux ______ **– deux** ___ **=** ______________ _____

trente-et-un ______ **+ trois** ___ **=** ______________ _____

trente-neuf ______ **– trois** ___ **=** ______________ _____

trente-sept ______ **– quatre** ___ **=** ______________ _____

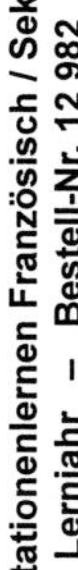

Station – Les nombres

Lösung: **Les nombres IV**

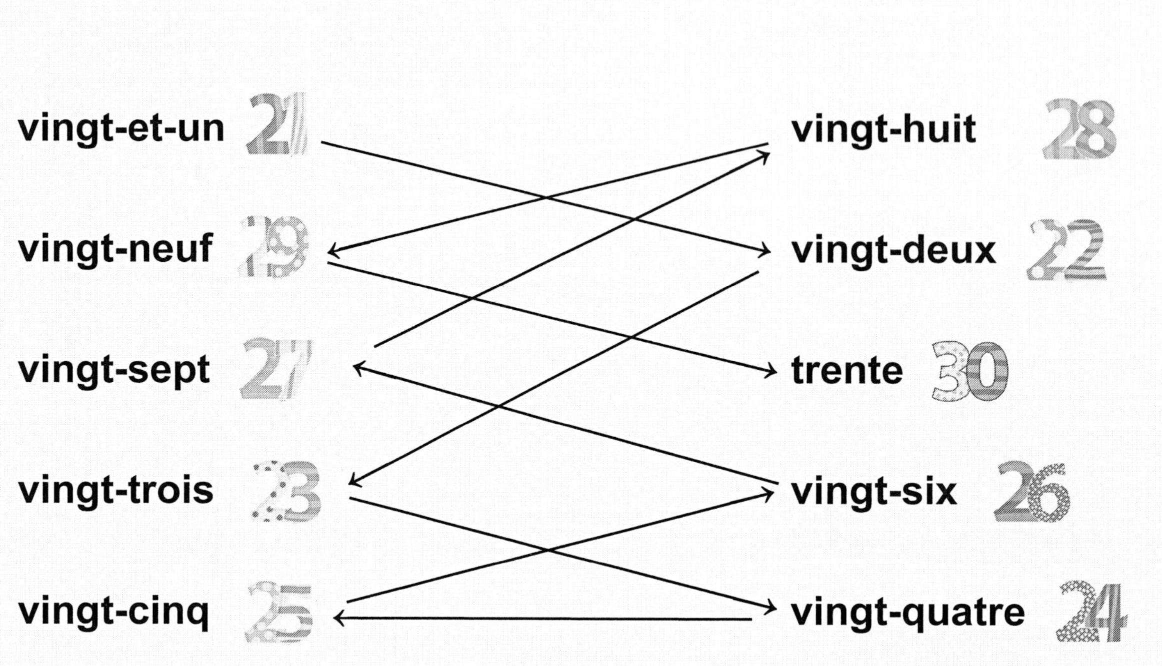

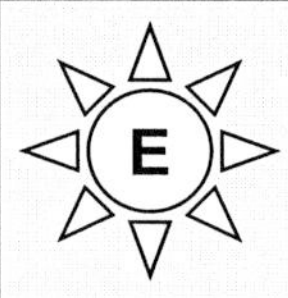

Station – Les nombres

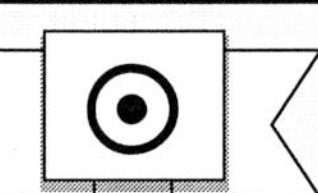

Lösung: **Les nombres V**

trente-cinq 35 + trois 3 = trente-huit 

trente-deux 32 – deux 2 = trente 

trente-et-un 31 + trois 3 = trente-quatre 

trente-neuf 39 – trois 3 = trente-six 

trente-sept 37 – quatre 4 = trente-trois 

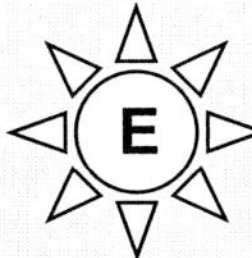

Station – Les nombres

Les nombres VI

Mets les lettres dans le bon ordre et écris les nombres.
(Ordne die Buchstaben und schreibe die Zahlenwörter.)

47 r q a a u e n t - e s t p ________ - ________

43 a a q u n t r e - o i r s t ________ - ________

49 u r a a q n t e - u n e f ________ - ________

44 q r a n u t a e - q e u t r a ________ - ________

Stationenlernen Französisch / Sekundarstufe I
1. Lernjahr – Bestell-Nr. 12 982
KOHL VERLAG Lernen mit Erfolg

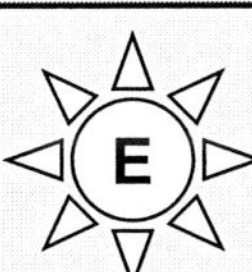

Station – Les nombres

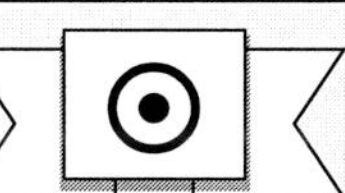

Les nombres VII

Lis et écris les nombres manquants.
(Ergänze die fehlenden Zahlenwörter.)

100	200	300
cent	________	trois cents
400	500	600
quatre cents	cinq cents	________
700	800	900
________	________	________

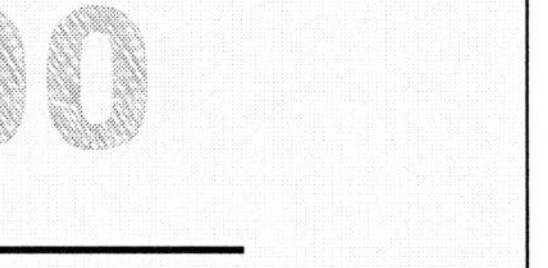

Stationenlernen Französisch / Sekundarstufe I
1. Lernjahr – Bestell-Nr. 12 982
KOHL VERLAG Lernen mit Erfolg

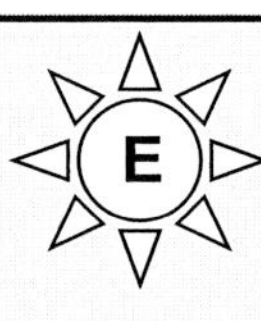

Station – Les nombres

Lösung: Les nombres VI

47	r q a a u e n t - e s t p	quarante-sept
43	a a q u n t r e - o i r s t	quarante-trois
49	u r a a q n t e - u n e f	quarante-neuf
44	q r a n u t a e - q e u t r a	quarante-quatre

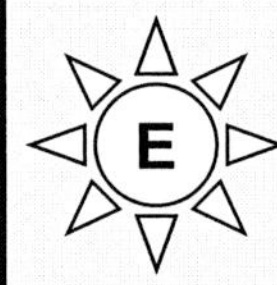

Station – Les nombres

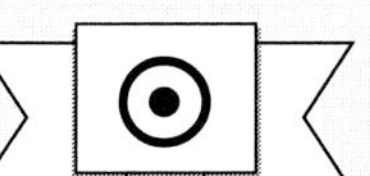

Lösung: Les nombres VII

100	200	300
cent	deux cents	trois cents
400	500	600
quatre cents	cinq cents	six cents
700	800	900
sept cents	huit cents	neuf cents

Station – Les nombres

Les nombres VIII-A

Partenaire A: Écoute et encercle les nombres que ton partenaire lit.
Partenaire B: Lis les nombres au dos de la carte.

(Partner A: Höre genau zu und umkreise die Zahlen, die dein/e Partner/in liest.
Partner B: Lies die Zahlenwörter auf der Rückseite.)

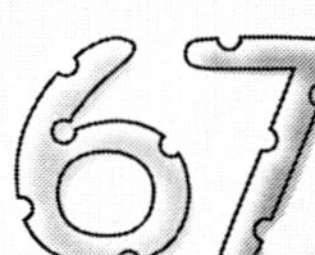

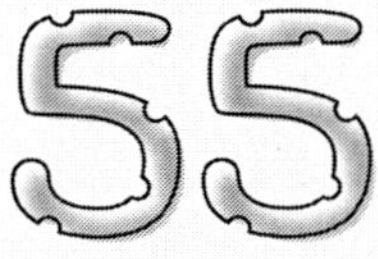

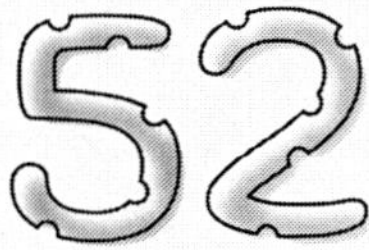

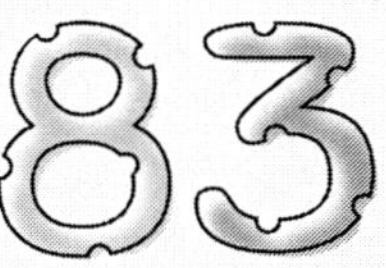

Stationenlernen Französisch / Sekundarstufe I
1. Lernjahr – Bestell-Nr. 12 982
KOHL VERLAG Lernen mit Erfolg

Station – Les nombres

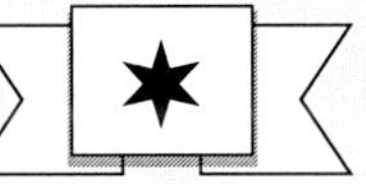

Les nombres VIII-B

Partenaire B: Écoute et encercle les nombres que ton partenaire lit.
Partenaire A: Lis les nombres au dos de la carte.

(Partner B: Höre genau zu und umkreise die Zahlen, die dein/e Partner/in liest.
Partner A: Lies die Zahlenwörter auf der Rückseite.)

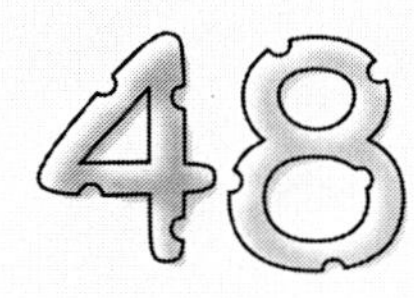

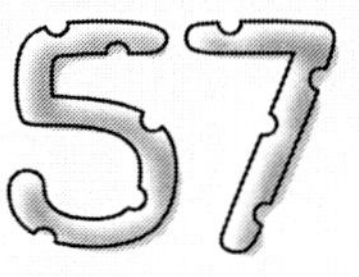

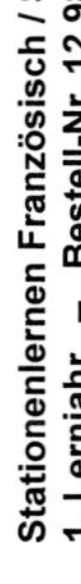
Stationenlernen Französisch / Sekundarstufe I
1. Lernjahr – Bestell-Nr. 12 982
KOHL VERLAG Lernen mit Erfolg

Station – Les nombres

Lösung: **Les nombres VIII-A**

67 89 44 71 55 52 94 36 83

Lesetext:
cinquante-deux
quatre-vingt-quatorze
soixante-sept
quatre-vingt-trois
soixante-et-onze

Station – Les nombres

Lösung: **Les nombres VIII-B**

63 82 48 79 57 54 99 32 23

Lesetext:
trente-deux
quarante-huit
cinquante-sept
quatre-vingt-deux
soixante-dix-neuf

Station – Les nombres

Les nombres IX-A

Faites une dictée de partenaire. Partenaire B lit le premier nombre (au verso) et partenaire A l'écrit sur sa première feuille. Ensuite, partenaire A lit son premier nombre et partenaire B l'écrit sur le premier post-it. Finalement, comparez avec les solutions.

(Macht ein Partnerdiktat. Partner B nennt die erste Zahl (auf der Rückseite) und Partner A schreibt sie auf sein erstes Notizblatt. Dann nennt Partner A seine erste Zahl und Partner B schreibt sie ins erste Post-it. Vergleicht zum Schluss mit den Lösungen.)

Partenaire A écrit:

Station – Les nombres

Les nombres IX-B

Partenaire B écrit:

Stationenlernen Französisch / Sekundarstufe I
1. Lernjahr – Bestell-Nr. 12 982
KOHL VERLAG Lernen mit Erfolg

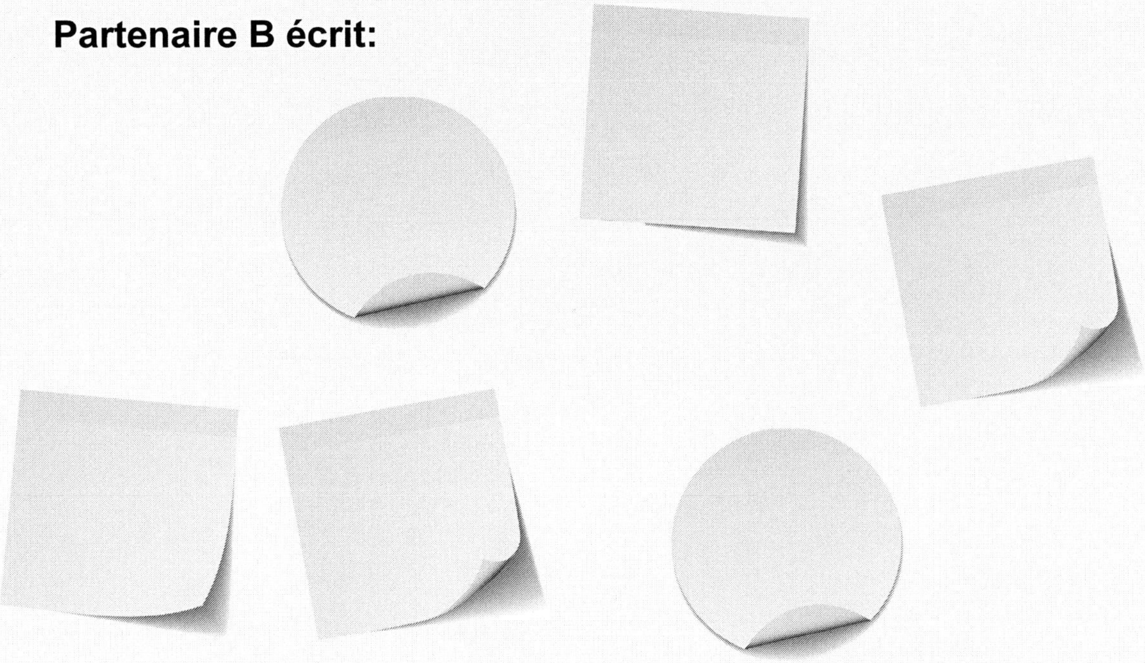

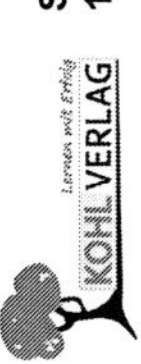

Station – Les nombres

Lösung: **Les nombres IX-A**

Partenaire B lit:

13 28 42

56 85 33

Station – Les nombres

Lösung: **Les nombres IX-B**

Partenaire A lit:

15 24 49

62 77 91

Stationenlernen Französisch / Sekundarstufe I

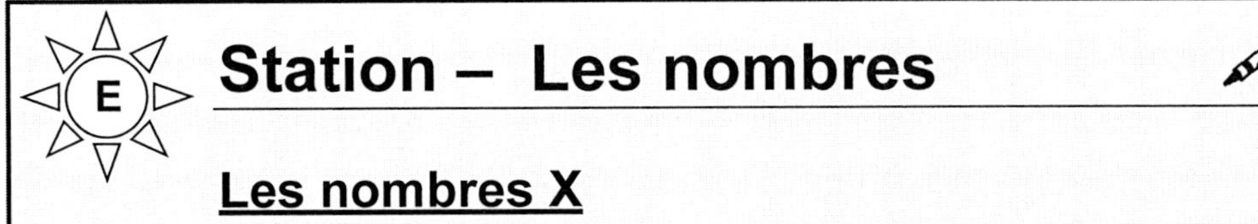

Station – Les nombres

Les nombres X

Lis et coche le bon nombre.
(Lies und kreuze die richtige Zahl an.)

quatre cent soixante-quinze 475 ___ 457 ___

trois cent soixante-sept 736 ___ 367 ___

cinq cent quatre-vingt-dix-sept 597 ___ 759 ___

six cent vingt-cinq 625 ___ 425 ___

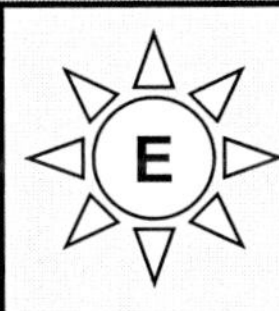

Station – Les nombres

Les nombres XI

Écris les nombres.
(Schreibe die Zahlenwörter.)

2756 ______________________________

5903 ______________________________

8324 ______________________________

4414 ______________________________

____

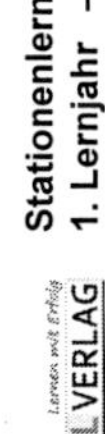

KOHL VERLAG – Lernen mit Erfolg
Stationenlernen Französisch / Sekundarstufe I
1. Lernjahr – Bestell-Nr. 12 982

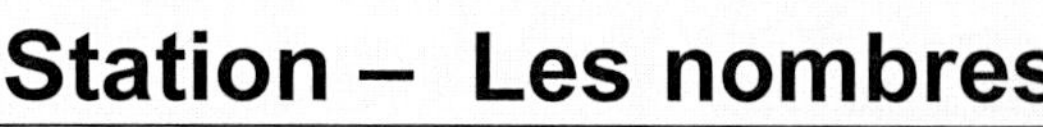

Station – Les nombres

Lösung: **Les nombres X**

quatre cent soixante-quinze	475	X	457	___
trois cent soixante-sept	736	___	367	X
cinq cent quatre-vingt-dix-sept	597	X	759	___
six cent vingt-cinq	625	X	425	___

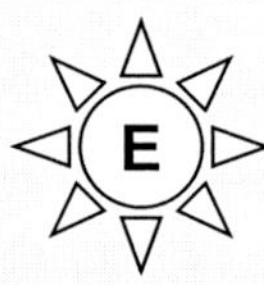

Station – Les nombres

Lösung: **Les nombres XI**

2756 deux mille sept cent cinquante-six

5903 cinq mille neuf cent trois

8324 huit mille trois cent vingt-quatre

4414 quatre mille quatre cent quatorze

9591 neuf mille cinq cent quatre-vingt-onze

Stationenlernen Französisch / Sekundarstufe I

Station – La date et l'année

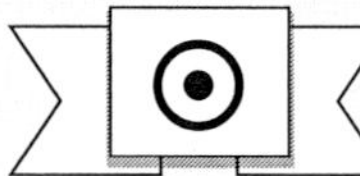

La date et l'année I

Relie les images avec les nombres en lettres.
(Verbinde die Jahreszahlen mit den Zahlenwörtern.)

	**l'année deux mille seize**
	**l'année dix-neuf cent soixante-dix-huit**
2016	**l'année dix-neuf cent quatre-vingt-dix-sept**
1997	**l'année dix-huit cent soixante-cinq**

Stationenlernen Französisch / Sekundarstufe I
1. Lernjahr – Bestell-Nr. 12 982
KOHL VERLAG Lernen mit Erfolg

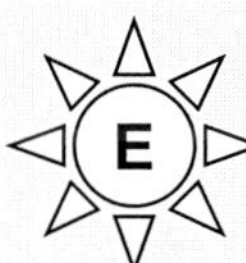

Station – La date et l'année

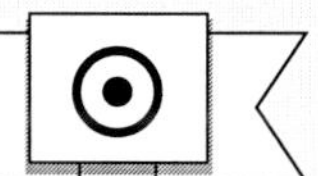

La date et l'année II

Regarde les nombres ordinaux et coche la prononciation correcte.
(Schau dir die Ordnungszahlen an und kreuze die richtige Aussprache an.)

1er/1re	**premier/première ____**	**cinquième ____**
2e	**douzième ____**	**deuxième ____**
3e	**treizième ____**	**troisième ____**
4e	**quatrième ____**	**quatorzième ____**
11e	**centième ____**	**onzième ____**
21e	**vingt-et-unième ____**	**vingt-deuxième ____**

Stationenlernen Französisch / Sekundarstufe I
1. Lernjahr – Bestell-Nr. 12 982

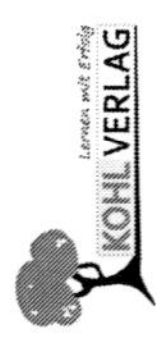

Station – La date et l'année

Lösung: **La date et l'année I**

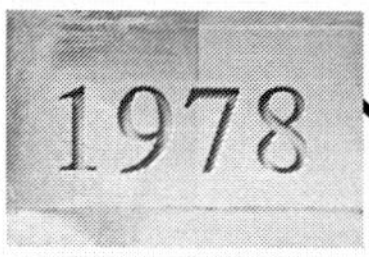

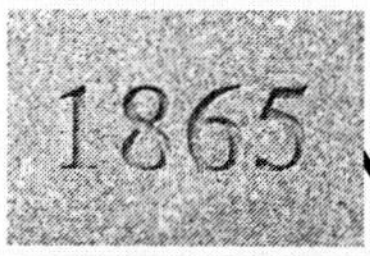

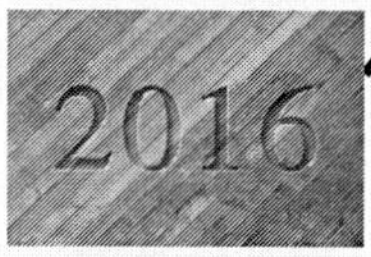

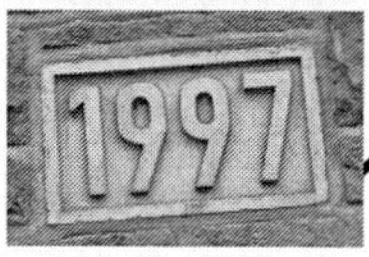

1978	l'année dix-neuf cent soixante-dix-huit
1865	l'année dix-huit cent soixante-cinq
2016	l'année deux mille seize
1997	l'année dix-neuf cent quatre-vingt-dix-sept

Station – La date et l'année

Lösung: **La date et l'année II**

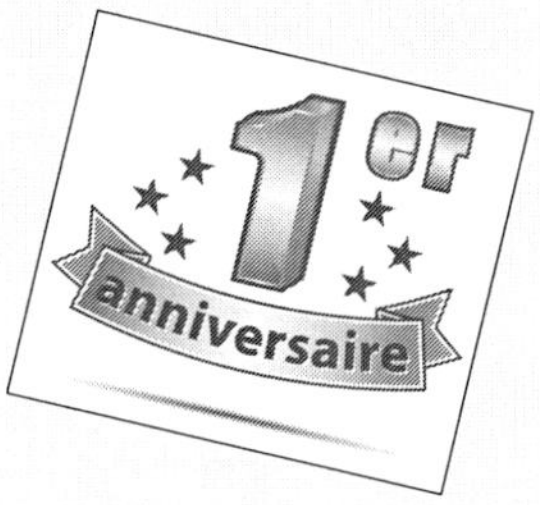

1er anniversaire

1er/1re	premier/première X	cinquième ____
2e	douzième ____	deuxième X
3e	treizième ____	troisième X
4e	quatrième X	quatorzième ____
11e	centième ____	onzième X
21e	vingt et unième X	vingt-deuxième ____

Station – La date et l'année

La date et l'année III

Lis les phrases. Coupe les images et colle-les dans les cases correspondantes.
(Lies die Sätze. Schneide dann die Bilder der Jahreszahlen aus und klebe sie an die richtige Aussage.)

1. Christophe Colomb découvre l'Amérique en quatorze cent quatre-vingt-douze.

2. Napoléon Bonaparte devient empereur des Français en dix-huit cent quatre.

3. Le 14 juillet dix-sept cent quatre-vingt-neuf, les Parisiens ont pris possession de la Bastille.

4. La Seconde Guerre mondiale s'est terminée en dix-neuf cent quarante-cinq.

1789	1804	1945	1492

Stationenlernen Französisch / Sekundarstufe I
1. Lernjahr – Bestell-Nr. 12 982
KOHL VERLAG

Station – La date et l'année

Lösung: **La date et l'année III**

1. **Christophe Colomb découvre l'Amérique en quatorze cent quatre-vingt-douze.** 1492

2. **Napoléon Bonaparte devient empereur des Français en dix-huit cent quatre.** 1804

3. **Le 14 juillet dix-sept cent quatre-vingt-neuf, les Parisiens ont pris possession de la Bastille.** 1789

4. **La Seconde Guerre mondiale s'est terminée en dix-neuf cent quarante-cinq.** 1945

1789 1804 1945

E/P

Station – La date et l'année

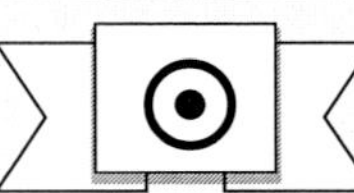

La date et l'année IV

Lis les mois et numérote-les dans le bon ordre.
(Lies die Monate und nummeriere sie in der richtigen Reihenfolge.)

décembre __

octobre __

MARS __

JANVIER 1

SEPTEMBRE __

JUIN __

NOVEMBRE __

février __

août __

avril __

JUILLET __

MAI __

Station – La date et l‘année

Lösung: __La date et l‘année IV__

décembre __12__

octobre __10__

MARS __3__

JANVIER __1__

SEPTEMBRE __9__

JUIN __6__

NOVEMBRE __11__

août __8__

février __2__

avril __4__

JUILLET __7__

MAI __5__

Station – La date et l'année

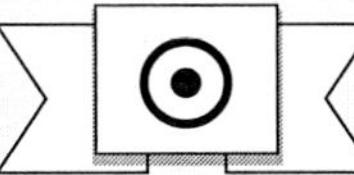

La date et l'année V

Relie les images avec les bonnes dates.

(Verbinde die Kalenderbilder mit dem richtigen Datum.)

le trente juin

le premier avril

le quatre juillet

le vingt-quatre décembre

Stationenlernen Französisch / Sekundarstufe I
1. Lernjahr – Bestell-Nr. 12 982
KOHL VERLAG Lernen mit Erfolg

Station – La date et l'année

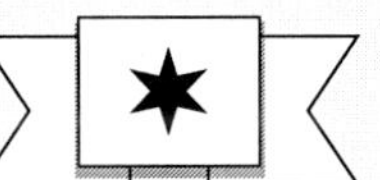

La date et l'année VI

Trouve les paires et relie-les. Parle ensuite avec ton partenaire: «Le trente-et-un janvier mille neuf cent quatre-vingt-dix-neuf.» Jouez à tour de rôle.

(Verbinde immer das gleiche Datum miteinander. Sprich dann mit deinem Partner/deiner Partnerin. Wechselt euch ab.)

31 janvier 1999 — **22.07.2015**

22 juillet 2015 — **28.03.1976**

3 octobre 2021 — **17.12.2006**

4 mai 1985 — **31.01.1999**

17 décembre 2006 — **04.05.1985**

28 mars 1976 — **03.10.2021**

Stationenlernen Französisch / Sekundarstufe I
1. Lernjahr – Bestell-Nr. 12 982
KOHL VERLAG Lernen mit Erfolg

Station – La date et l'année

Lösung: <u>La date et l'année V</u>

le trente juin

le premier avril

le quatre juillet

le vingt-quatre décembre

Station – La date et l'anné

Lösung: <u>La date et l'année VI</u>

31 janvier 1999	22.07.2015
22 juillet 2015	28.03.1976
3 octobre 2021	17.12.2006
4 mai 1985	31.01.1999
17 décembre 2006	04.05.1985
28 mars 1976	03.10.2021

Station – La date et l'année

La date et l'année VII

Lis les dates de naissance des membres de la famille. Parle ensuite à ton partenaire: «L'anniversaire de Joël est le 15 mai. Il est né le 15 mai 2015.»
(Lies die Geburtsdaten der Familienmitglieder. Sprich dann zu deinem Partner/deiner Partnerin: „Joëls Geburtstag ist der 15. Mai. Er wurde am 15. Mai 2015 geboren.")

18 septembre 1960
grand-père: Alphonse

1er juin 1965
grand-mère: Adèle

9 février 1988
père: David

2 avril 1990
mère: Françoise

21 novembre 2012
Julie

15 mai 2015
Joël

3 janvier 2018
chat: Loulou

12 octobre 2019
bébé: Frédo

31 juillet 2016
chien: Filou

Stationenlernen Französisch / Sekundarstufe I
1. Lernjahr – Bestell-Nr. 12 982
KOHL VERLAG

Station – La date et l'année

La date et l'année VIII

Le nom de mon père:

____

L'anniversaire de mon père:

____

Le nom de ma mère:

____

L'anniversaire de ma mère:

____

Le nom de mon grand-père:

____

L'anniversaire de mon grand-père:

____

Le nom de ma grand-mère:

____

L'anniversaire de ma grand-mère:

____

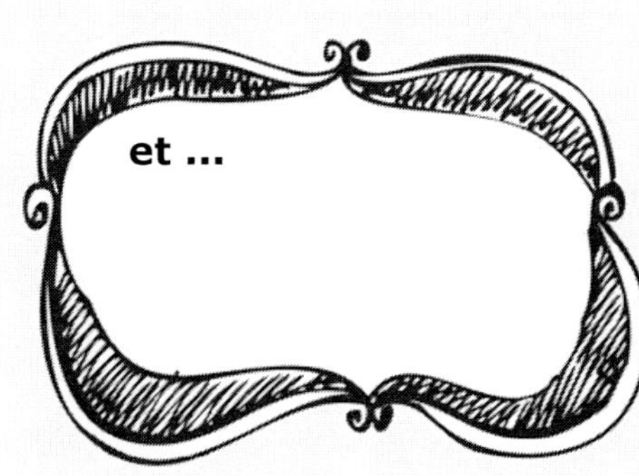

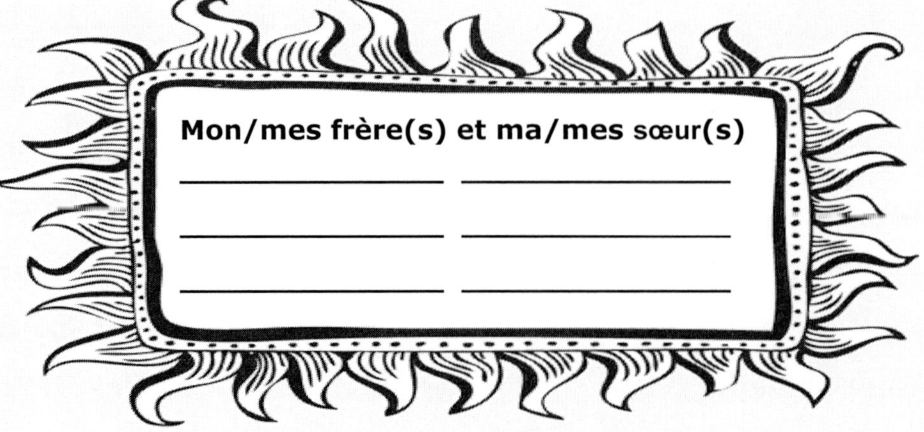

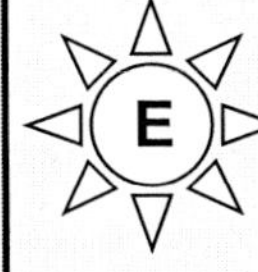

Station – Les véhicules

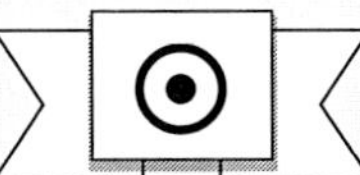

Les véhicules I

Relie les mots avec les images correspondantes.
(Verbinde die Wörter mit den richtigen Bildern.)

le camion

le bateau

la voiture

la camionnette

Stationenlernen Französisch / Sekundarstufe I
1. Lernjahr – Bestell-Nr. 12 982
KOHL VERLAG Lernen mit Erfolg

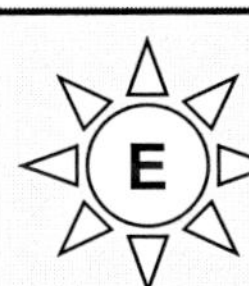

Station – Les véhicules

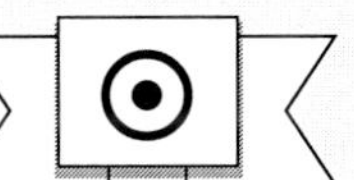

Les véhicules II

Regarde les mots et les images. Entoure le mot correct.
(Schaue dir die Wörter und Bilder an und umkreise das richtige Wort.)

le scooter

la voiture

la bicyclette

la moto

le train

la bicyclette

le scooter

la planche à roulettes

Stationenlernen Französisch / Sekundarstufe I
1. Lernjahr – Bestell-Nr. 12 982

E Station – Les véhicules

Lösung: **Les véhicules I**

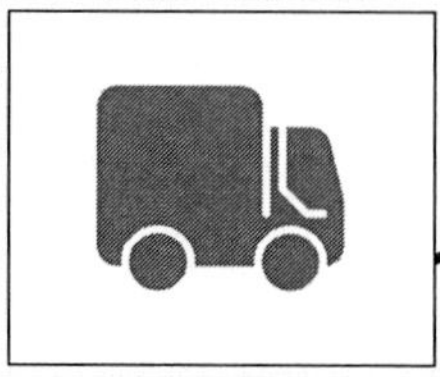

le camion

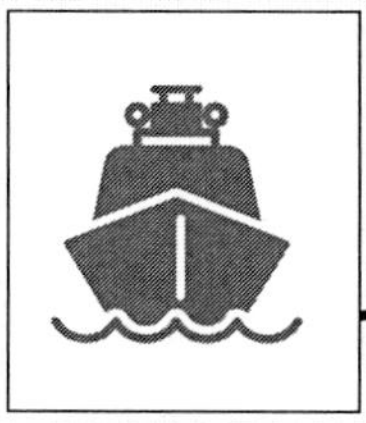

le bateau

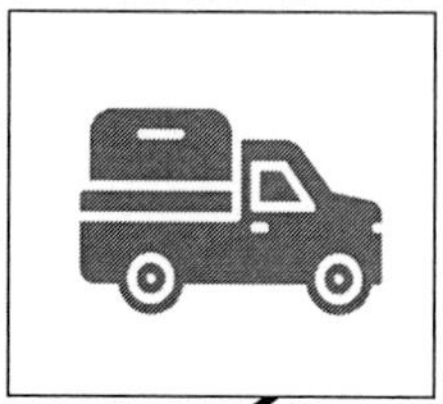

l'ambulance

la voiture

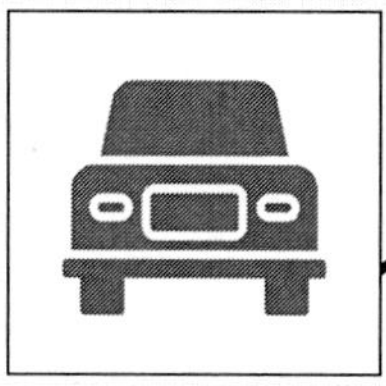

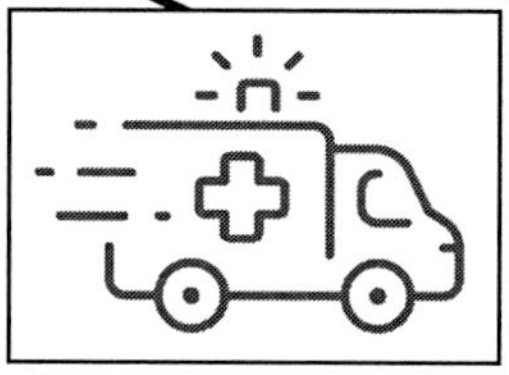

la camionnette

E Station – Les véhicules

Lösung: **Les véhicules II**

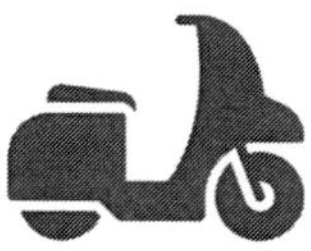

le scooter

la voiture

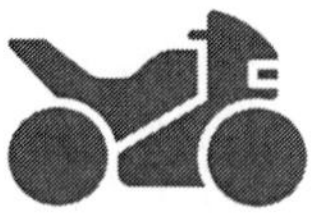

la bicyclette

la moto

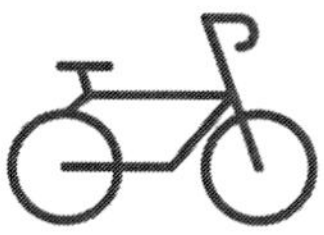

le train

la bicyclette

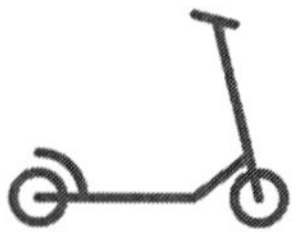

le scooter

la planche à roulettes

Stationenlernen Französisch / Sekundarstufe I

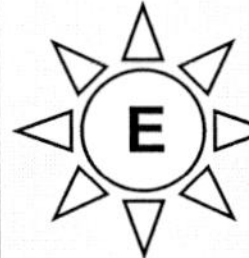

Station – Les véhicules

Les véhicules III

Regarde les images. Complète les mots à droite.
(Schau dir die Wörter an und ergänze den fehlenden Buchstaben.)

	la moto	la mo___o
	la bicyclette	la bic___clette
	le scooter	le sco___ter

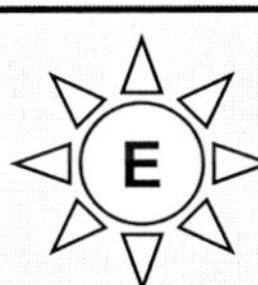

Station – Les véhicules

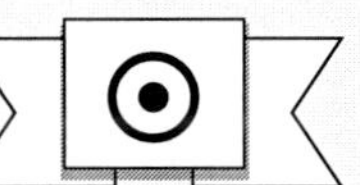

Les véhicules IV

Regarde les images. Complète les mots à droite.
(Schau dir die Wörter an und ergänze den fehlenden Buchstaben.)

	l'avion	l'a___ion
	le bus	le ___us
	le taxi	le ta___i

Stationenlernen Französisch / Sekundarstufe I
1. Lernjahr – Bestell-Nr. 12 982

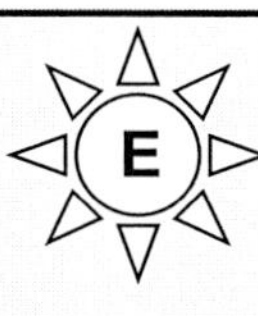

Station – Les véhicules

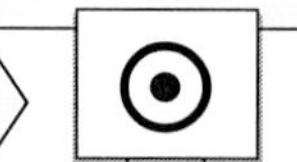

Lösung: **Les véhicules III**

la moto | la moto

la bicyclette | la bicyclette

le scooter | le scooter

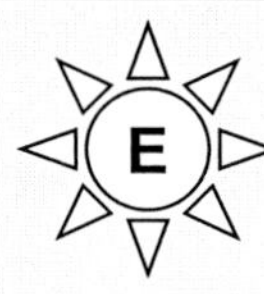

Station – Les véhicules

Lösung: **Les véhicules IV**

l'avion | l'avion

lebus | le bus

letaxi | le taxi

Station – Les véhicules

Les véhicules V

Relie les mots avec les images.
(Verbinde die Wörter mit dem richtigen Bild.)

le train | **le téléphérique** | **le métro** | **le tram**

Stationenlernen Französisch / Sekundarstufe I
1. Lernjahr – Bestell-Nr. 12 982

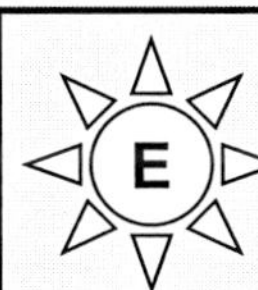

Station – Les véhicules

Les véhicules VI

Relie les mots avec les images.
(Verbinde die Wörter mit dem richtigen Bild.)

l'avion | **l'hélicoptère** | **la montgolfière** | **le zeppelin**

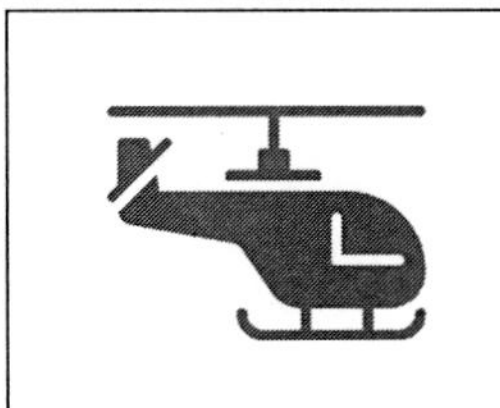

Stationenlernen Französisch / Sekundarstufe I
1. Lernjahr – Bestell-Nr. 12 982

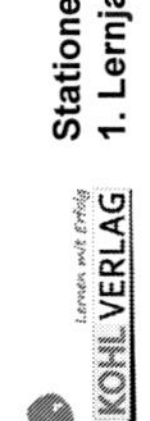

Station – Les véhicules

Lösung: **Les véhicules V**

le train	le téléphérique	le métro	le tram

Station – Les véhicules

Lösung: **Les véhicules VI**

l'avion	l'hélicoptère	la montgolfière	le zeppelin

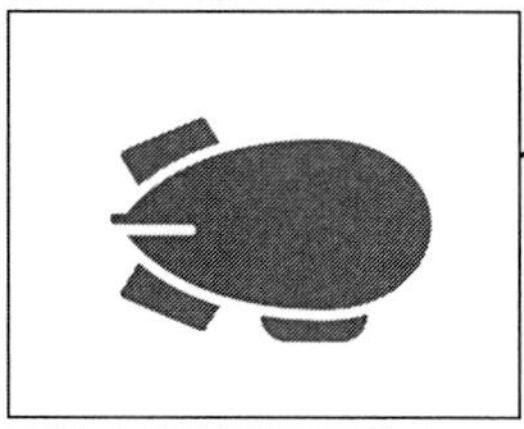

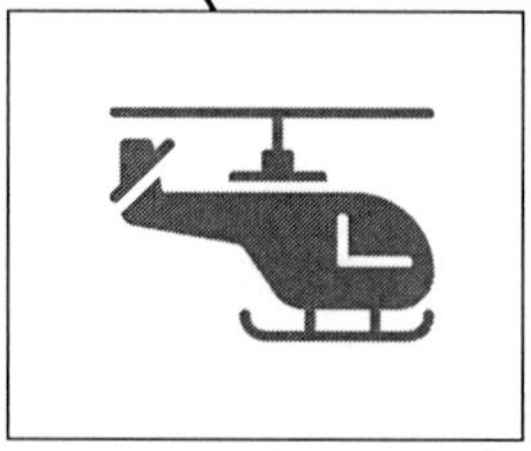

Station – Les véhicules

Les véhicules VII

Lis les questions et coche la bonne réponse.
(Lies die Fragen und kreuze die richtige Antwort an.)

1. Est-ce que c'est un avion? **oui** ___ **non** ___

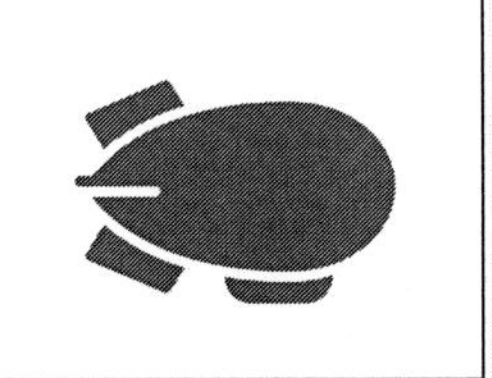

2. Est-ce que c'est un zeppelin? **oui** ___ **non** ___

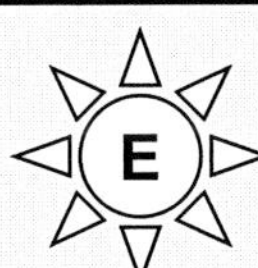

Station – Les véhicules

Les véhicules VIII

Lis les questions et coche la bonne réponse.
(Lies die Fragen und kreuze die richtige Antwort an.)

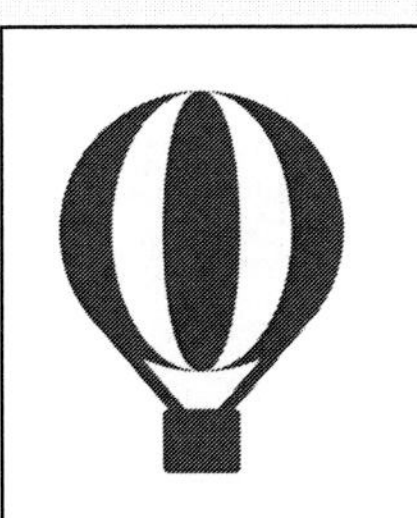

1. Est-ce que c'est une montgolfière? **oui** ___ **non** ___

2. Est-ce que c'est un hélicoptère? **oui** ___ **non** ___

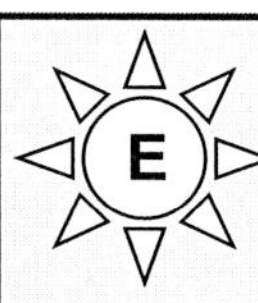

Station – Les véhicules

Lösung: **Les véhicules VII**

1. Est-ce que c'est un avion? oui ___ non X

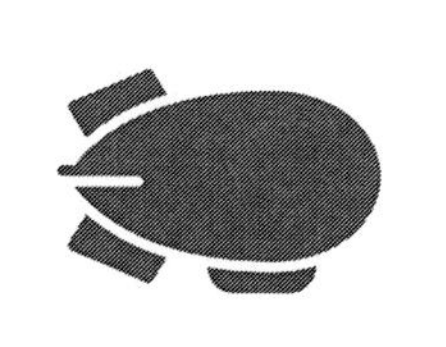

2. Est-ce que c'est un zeppelin? oui X non ___

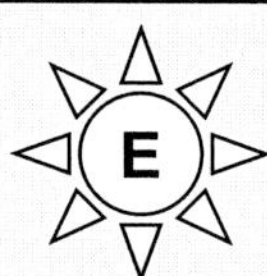

Station – Les véhicules

Lösung: **Les véhicules VIII**

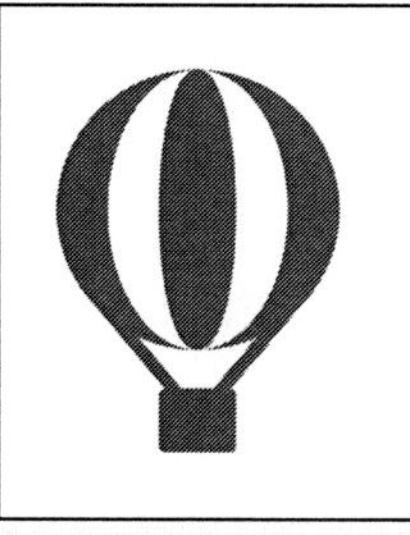

1. Est-ce que c'est une montgolfière? oui X non ___

2. Est-ce que c'est un hélicoptère? oui ___ non X

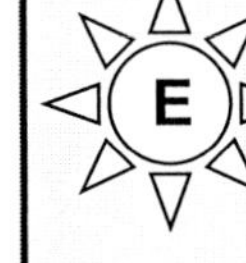

Station – Les véhicules

Les véhicules IX

Qu'est-ce que c'est? Regarde les images et écris les mots.
(Was ist das? Schau die Bilder an und schreibe die Wörter.)

1.  le m________________

2.  le t________________

3.  le t________________

Stationenlernen Französisch / Sekundarstufe I
1. Lernjahr – Bestell-Nr. 12 982

Station – Les véhicules

Les véhicules X

Qu'est-ce que c'est? Regarde les images et écris les mots.
(Was ist das? Schau die Bilder an und schreibe die Wörter.)

1.  le c________________

2.  la m________________

3.  la b________________

Stationenlernen Französisch / Sekundarstufe I
1. Lernjahr – Bestell-Nr. 12 982

Station – Les véhicules

Lösung: **Les véhicules IX**

1.  **le métro**

2.  **le téléphérique**

3.  **le train**

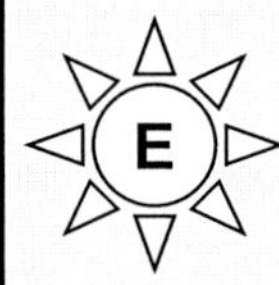

Station – Les véhicules

Lösung: **Les véhicules X**

1.  **le camion**

2.  **la moto**

3.  **la bicyclette**

Station – Les véhicules

Les véhicules XI

Écoute, répète et numérote les véhicules spéciaux.
(Hör gut zu, sprich nach und nummeriere die Spezialfahrzeuge.)

 ___

 ___

 ___

 ___

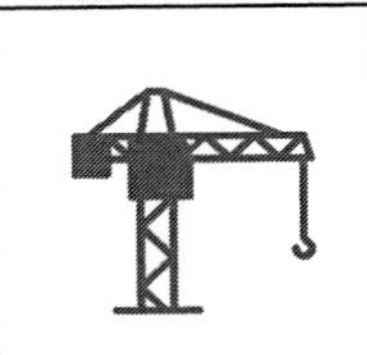 ___

Stationenlernen Französisch / Sekundarstufe I
1. Lernjahr – Bestell-Nr. 12 982
Lernen mit Erfolg KOHL VERLAG

Station – Les véhicules

Les véhicules XII

Mets les lettres dans le bon ordre et écris les mots.
(Ordne die Buchstaben und schreibe die Wörter.)

 **l' h é e è l c p t r i o** **l'h**________________

 **la m r o o n l f i è e t g** **la m**________________

 **la c n n m i o e e t t a** **la c**________________

 **le r o o t c e s** **le s**________________

Stationenlernen Französisch / Sekundarstufe I
1. Lernjahr – Bestell-Nr. 12 982
Lernen mit Erfolg KOHL VERLAG

Station – Les véhicules

Lösung: **Les véhicules XI**

 **2**

 **5**

 **4**

 **1**

 **6**

 **3**

Lesetext:

Numéro 1: l'excavatrice
Numéro 2: le bulldozer
Numéro 3: la grue à tour
Numéro 4: le tracteur
Numéro 5: le chariot élévateur
Numéro 6: la caravane

Station – Les véhicules

Lösung: **Les véhicules XII**

	**l' h é e è l c p t r i o**	**l'hélicoptère**
	**la m r o o n l f i è e t g**	**la montgolfière**
	**la c n n m i o e e t t a**	**la camionnette**
	**le r o o t c e s**	**le scooter**

Stationenlernen Französisch / Sekundarstufe I

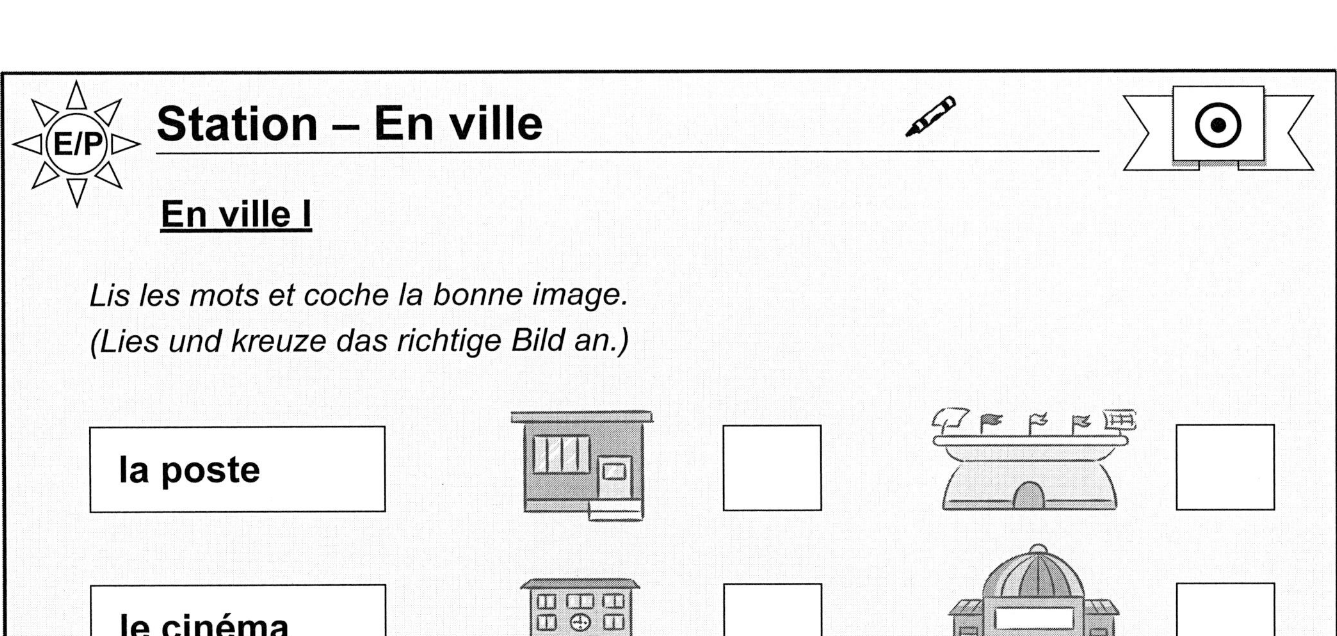

Station – En ville

E/P

En ville I

Lis les mots et coche la bonne image.
(Lies und kreuze das richtige Bild an.)

la poste ☐ ☐

le cinéma ☐ ☐

l'hôpital ☐ ☐

la station essence ☐ ☐

Stationenlernen Französisch / Sekundarstufe I
1. Lernjahr – Bestell-Nr. 12 982
KOHL VERLAG Lernen mit Erfolg

Station – En ville

E/P

En ville II

Lis les mots et coche la bonne image.
(Lies und kreuze das richtige Bild an.)

la pharmacie ☐ ☐

le supermarché ☐ ☐

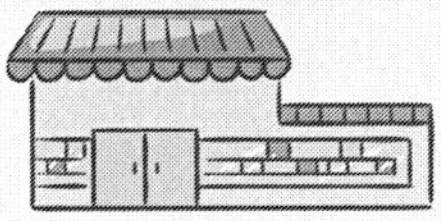

la gare ☐ ☐

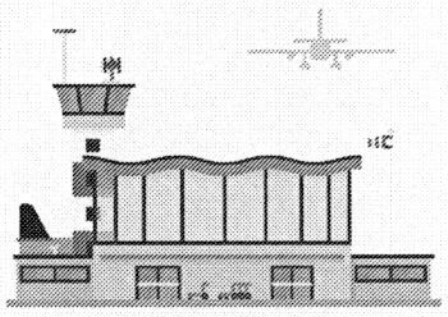

la caserne des pompiers ☐ ☐

Stationenlernen Französisch / Sekundarstufe I
1. Lernjahr – Bestell-Nr. 12 982
KOHL VERLAG Lernen mit Erfolg

Station – En ville

E/P

Lösung: **En ville I**

la poste	 X	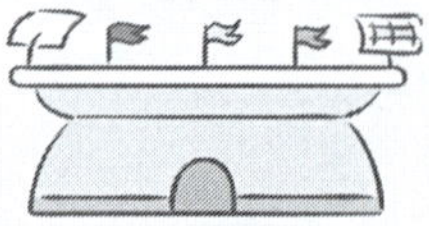
le cinéma		  X
l'hôpital	 X	
la station essence	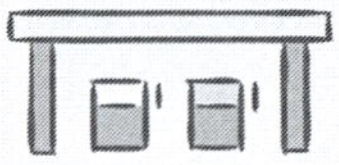 X	

Station – En ville

E/P

Lösung: **En ville II**

la pharmacie		  X
le supermarché	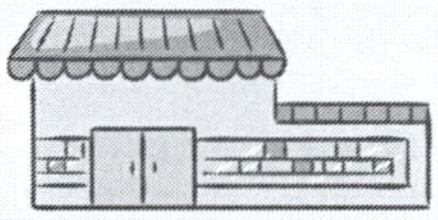 X	
la gare	 X	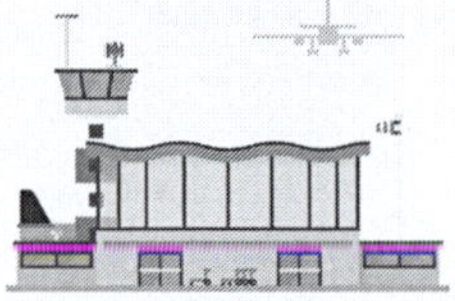
la caserne des pompiers		  X

Station – En ville

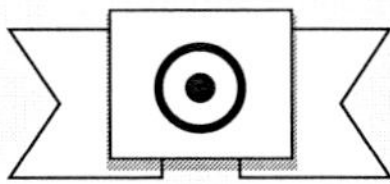

En ville III

Qui est où? Lis les phrases et relie les paires.

(Wer ist wo? Lies die Sätze, überlege genau und verbinde.)

Amélie rencontre sa copine Céline. Elles mangent des gâteaux et boivent du cacao au .... du parc.

Désirée veut faire des courses. Elle va au .... de la Nouvelle Rue.

Amélie et Céline

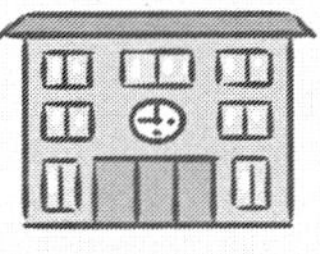

Désirée

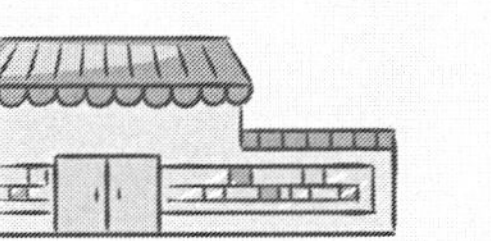

Stationenlernen Französisch / Sekundarstufe I
1. Lernjahr – Bestell-Nr. 12 982
KOHL VERLAG Lernen mit Erfolg

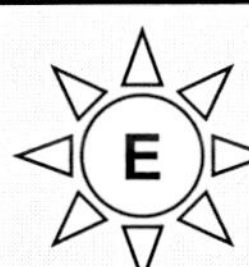

Station – En ville

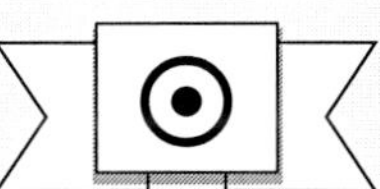

En ville IV

Qui est où? Lis les phrases et relie les paires.

(Wer ist wo? Lies die Sätze, überlege genau und verbinde.)

Le père d'Étienne est pompier. Étienne lui rend souvent visite à la .... .
Jérôme aime le foot. Il va souvent au ..... quand son équipe de foot préférée a un match.

Étienne

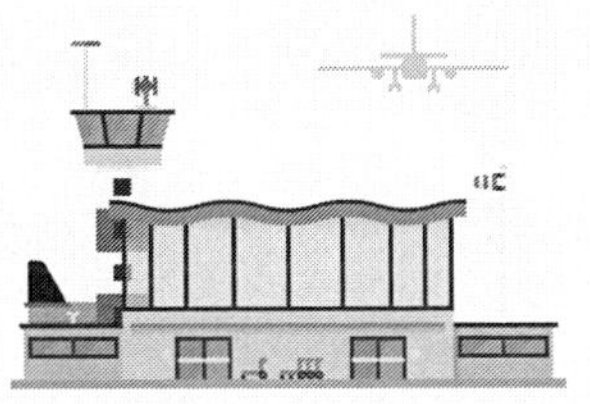

Jérôme

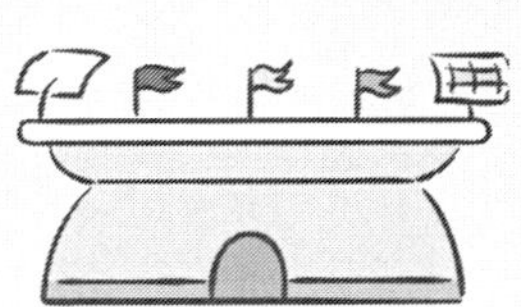

Stationenlernen Französisch / Sekundarstufe I
1. Lernjahr – Bestell-Nr. 12 982

Station – En ville

Lösung: **<u>En ville III</u>**

Amélie rencontre son amie Céline. Elles mangent des gâteaux et boivent du cacao au **café** du parc.

Désirée veut faire des courses. Elle va au **supermarché** de la Nouvelle Rue.

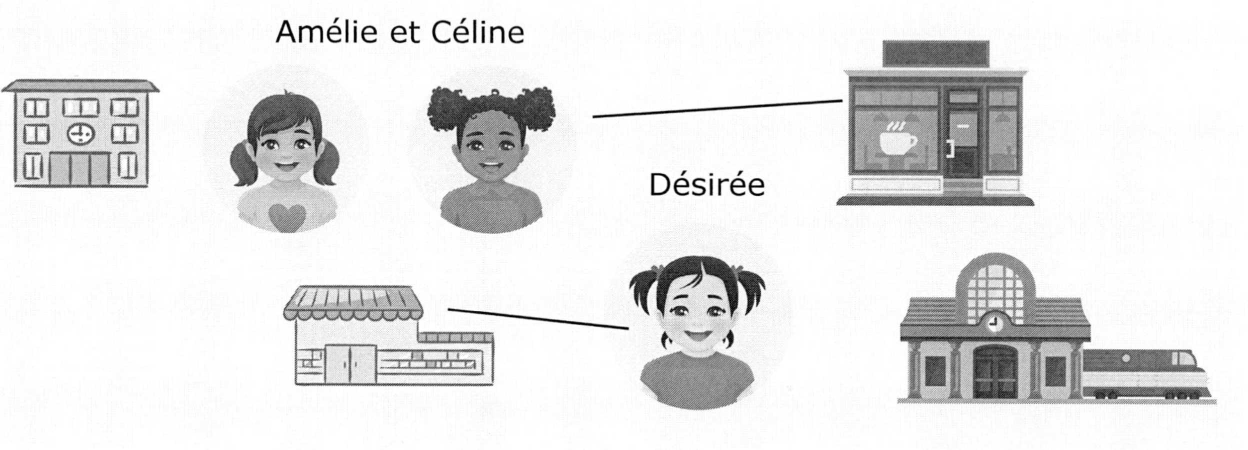

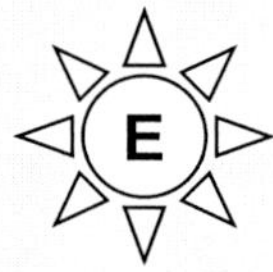

Station – En ville

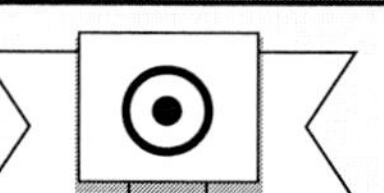

Lösung: **<u>En ville IV</u>**

Le père d'Étienne est pompier. Étienne lui rend souvent visite à la **caserne des pompiers**. Jérôme aime le foot. Il va souvent au **stade** quand son équipe de foot préférée a un match.

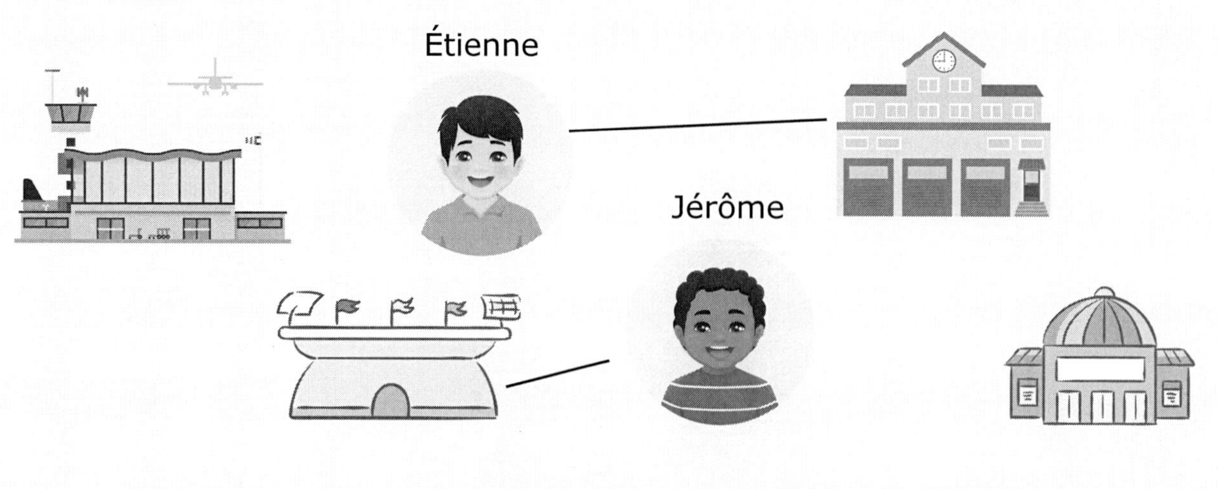

Station – En ville

En ville V

Lis les mots des bâtiments avec ton partenaire. Puis montre un bâtiment du doigt et demande à ton partenaire. «Est-ce que c'est ...?» votre partenaire répond: «Oui, c'est … /Non, ce n'est pas … C'est ...» Jouez à tour de rôle.
(Lies mit deinem Partner/deiner Partnerin die französischen Wörter der Gebäude. Zeige dann auf ein Gebäude und frage deinen Partner: «Est-ce que c'est ...?» Dein Partner/deine Partnerin antwortet mit: «Oui, c'est … /Non, ce n'est pas ... C'est ...» Wechselt euch ab.)

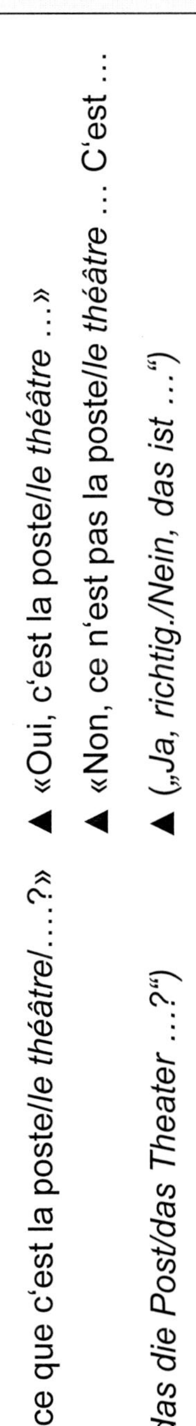

École, Pompiers, Musée, Hôtel, Église, Gare, Poste, Hôpital, Cinéma, POLICE, Stade, Supermarché, Banque, Théâtre, CAFE, Pharmacie, Station-essence

KOHL VERLAG
Stationenlernen Französisch / Sekundarstufe I
1. Lernjahr – Bestell-Nr. 12 982

Station – En ville

En ville VI

Regarde le plan de la ville. Demande ensuite le chemin vers un bâtiment. Ton partenaire répond. Jouez à tour de rôle.

(Schau dir den Stadtplan an. Frage dann nach dem Weg. Dein Partner/deine Partnerin antwortet. Wechselt euch ab.)

- ● «Où est le prochain bureau de poste/*le théâtre*/….?»
- ▲ «Allez tout droit, puis tournez à droite/gauche puis tournez à gauche/*droite*. La poste/*le théâtre*/… est sur le côté gauche/*droit*.»
- ● *(„Wo ist die Post/das Theater …?“)*
- ▲ *(„Geh geradeaus. Dann biege rechts/links ab und dann biege links/rechts ab. Die Post/das Theater/… ist auf der linken/rechten Seite.“)*

tout droit

tourner à droite

tourner à gauche

Station – En ville

En ville VII

Regarde le plan de la ville à la page 50, lis les phrases et ajoute les prépositions.
(Schau dir den Stadtplan auf Seite 50 an, lies die Sätze und fülle die Lücken aus.)

au	en face de	sur	à côté	à l'angle de
près	derrière	entre	en face du	

1. Le musée est __________ de l'école.

2. Le théâtre est _______ le supermarché et le stade.

3. Le bureau de poste est ___________ la rue Toulouse et de la rue Nantes.

4. Le café est ____ sud-est de la ville.

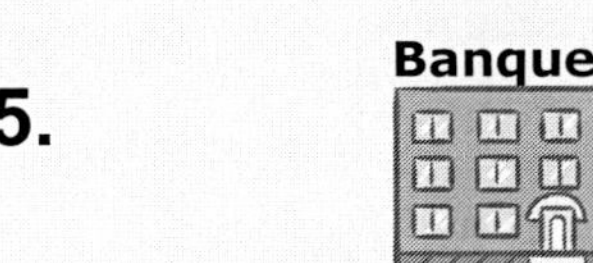

5. La banque est ___________ théâtre.

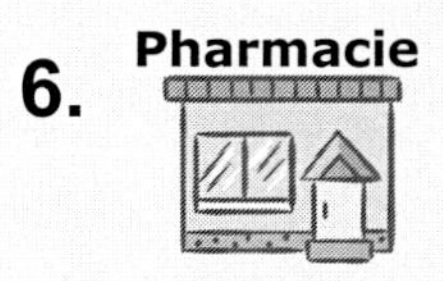

6. La pharmacie est _____ la rue Michelle.

7. L'église est ____ de l'hôpital.

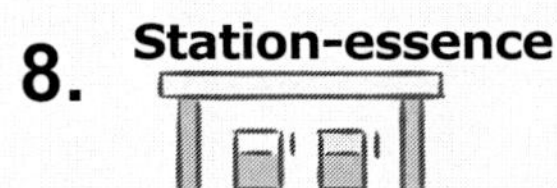

8. La station-essence est _______ l'hôtel.

9. Le parc est ________ la banque et la poste.

Stationenlernen Französisch / Sekundarstufe I
1. Lernjahr – Bestell-Nr. 12 982

Station – En ville

Lösung: **En ville VII**

au	en face de	sur	à côté	à l'angle de
près	derrière	entre	en face du	

1. Le musée est à côté de l'école.

2. Le théâtre est entre le supermarché et le stade.

3. Le bureau de poste est à l'angle de la rue Toulouse et de la rue Nantes.

4. Le café est au sud-est de la ville.

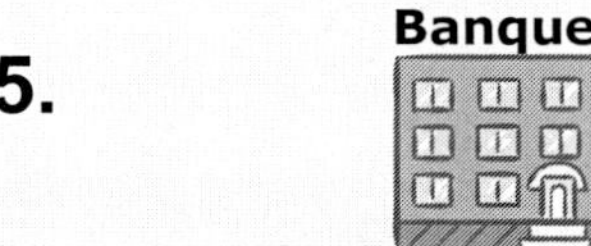

5. La banque est en face du théâtre.

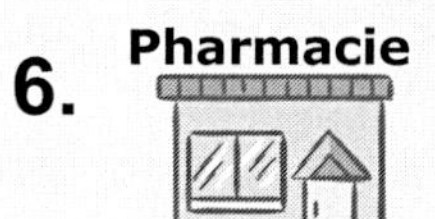

6. La pharmacie est sur la rue Michelle.

7. L'église est près de l'hôpital.

8. La station-essence est derrière l'hôtel.

9. Le parc est en face de la banque et la poste.

Station – En ville

En ville VIII

Regarde le plan de la ville à la page 50, lis les phrases et coche la bonne réponse. (Schau dir den Stadtplan auf Seite 50 an, lies die Sätze und kreuze die richtige Antwort an.)

	vrai	faux
1. L'hôpital est à côté du café.	____	____
2. Le stade est en face de la station-essence.	____	____
3. La caserne des pompiers est à l'angle de la rue Faubourg.	____	____
4. Le cinéma est près de la pharmacie.	____	____
5. La gare est entre le théâtre et le supermarché.	____	____
6. L'école est derrière la caserne des pompiers.	____	____

Stationenlernen Französisch / Sekundarstufe I
1. Lernjahr – Bestell-Nr. 12 982
KOHL VERLAG Lernen mit Erfolg

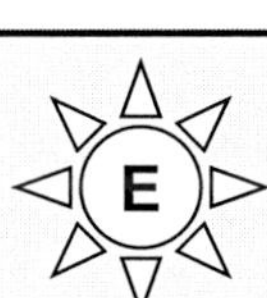

Station – En ville

En ville IX

Qu'est-ce que tu peux faire dans ces immeubles? Lis les phrases et ajoute-les au texte. (Was macht man dort? Lies die Sätze und fülle die Lücken aus.)

laver	acheter	retirer	dîner

1. C'est ici que tu peux _______ de l'argent.

2. C'est ici que tu peux déjeuner et _______.

3. Tu peux y ________ des livres, des CD, des DVD et des jeux.

4. C'est ici que tu peux ________ les vêtements, les couvertures et le linge de lit.

Stationenlernen Französisch / Sekundarstufe I
1. Lernjahr – Bestell-Nr. 12 982
KOHL VERLAG Lernen mit Erfolg

Station – En ville

Lösung: **En ville VIII**

	vrai	faux
1. L'hôpital est à côté du café.		X
2. Le stade est en face de la station-essence.	X	
3. La caserne des pompiers est à l'angle de la rue Faubourg.	X	
4. Le cinéma est près de la pharmacie.	X	
5. La gare est entre le théâtre et le supermarché.		X
6. L'école est derrière la caserne des pompiers.		X

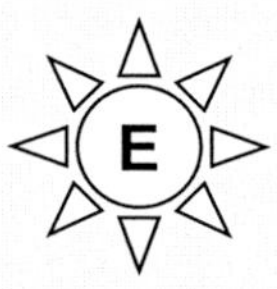

Station – En ville

Lösung: **En ville IX**

laver	acheter	retirer	dîner

1.  C'est ici que tu peux retirer de l'argent.
2. 

C'est ici que tu peux déjeuner et dîner.
3.  Tu peux y acheter des livres, des CD, des DVD et des jeux.
4.  C'est ici que tu peux laver les vêtements, les couvertures et le linge de lit.

Stationenlernen Französisch / Sekundarstufe I

E/P

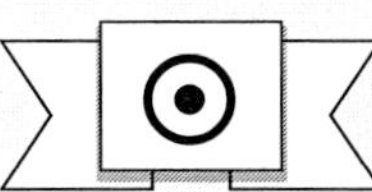

Station – En ville

En ville X

Lisez les phrases. Coupe les images et colle-les dans les cases correspondantes. Parle ensuite à ton partenaire: «Tu peux acheter ... dans la pharmacie/ ...»
(Lies die Sätze. Schneide dann die Gebäude aus und klebe sie an die richtige Stelle. Sprich dann mit deinem Partner: «Tu peux acheter ... dans la pharmacie/ ...»)

pharmacie • boulangerie •
laiterie / fromagerie • boucherie

1. **Ici, tu peux acheter du pain et des gâteaux.**
   C'est la ________________.

2. **Ici, tu peux acheter de la viande et des saucisses.**
   C'est la ______________.

3. **Dans ce magasin, on achète des médicaments.**
   C'est la ________________.

4. **Ici tu trouves tous les produits laitiers comme le lait, le fromage et le beurre.**
   C'est la ________________________.

Stationenlernen Französisch / Sekundarstufe I
1. Lernjahr – Bestell-Nr. 12 982

Station – En ville

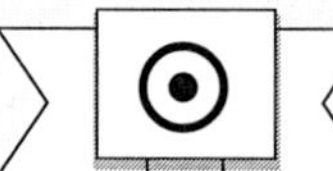

Lösung: **En ville X**

pharmacie • boulangerie •
laiterie / fromagerie • boucherie

1. **Ici, tu peux acheter du pain et des gâteaux.**
   C'est la boulangerie.

2. **Ici, tu peux acheter de la viande et des saucisses.**
   C'est la boucherie.

3. **Dans ce magasin, on achète des médicaments.**
   C'est la pharmacie.

4. **Ici tu trouves tous les produits laitiers comme le lait, le fromage et le beurre.**
   C'est la laiterie / la fromagerie.

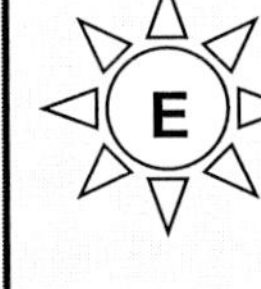

Station – En ville

En ville XI

Que font les gens dans ces immeubles? Lis les phrases et complètes-les avec les noms des magasins. (Was machen die Leute dort? Lies die Sätze und fülle die Lücken mit den Geschäften aus.)

bibliothèque • cinéma • salon de coiffure • épicier • hôpital • animalerie

1 Jeanne achète des fruits et légumes chez

l'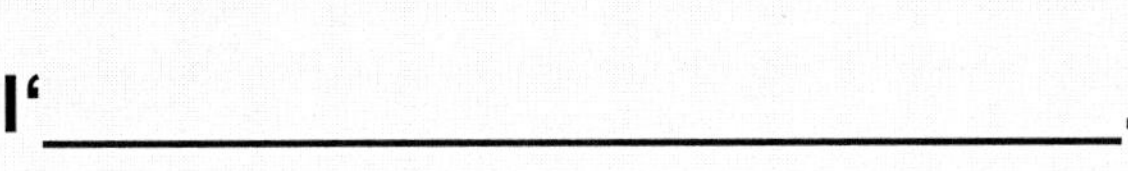**.**

2 Mme Leroque veut une nouvelle coupe de cheveux. Elle va au

______________________________.

3 M. Dubois est médecin. Il travaille à

l'**.**

4 Louis veut voir un film d'action. Il va au

______________________________.

5 Luc et Noël empruntent des livres à la

______________________________.

6 Julie achète de la nourriture pour animaux à

l'**.**

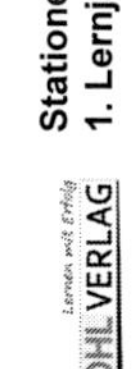

Stationenlernen Französisch / Sekundarstufe I
1. Lernjahr – Bestell-Nr. 12 982

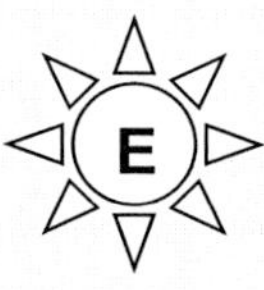

Station – En ville

Lösung: **En ville XI**

**bibliothèque • cinéma • salon de coiffure •
épicier • hôpital • animalerie**

1 **Jeanne achète des fruits et légumes chez** **l'épicier.**

2 **Mme Leroque veut une nouvelle coupe de cheveux. Elle va au** **salon de coiffure.**

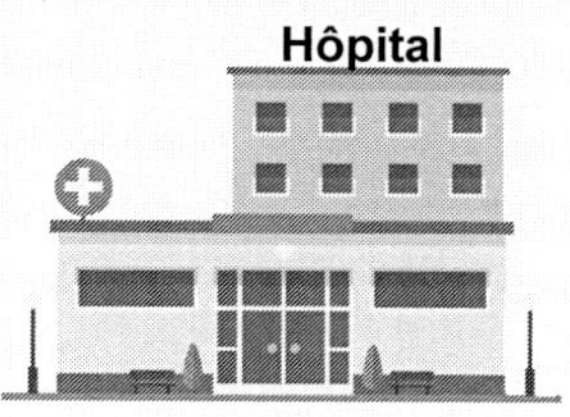

3 **M. Dubois est médecin. Il travaille à** **l'hôpital.**

4 **Louis veut voir un film d'action. Il va au** **cinéma.**

5 **Luc et Noël empruntent des livres à la** **bibliothèque.**

6 **Julie achète de la nourriture pour animaux à** **l'animalerie.**

Station – Les professions

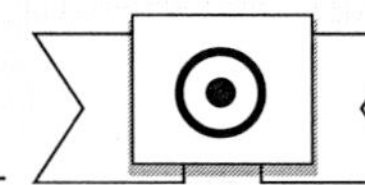

Les professions I

Coupez les dominos. Arrangez-les et collez-les correctement.
(Schneidet die Dominos® aus und legt sie in die richtige Reihenfolge. Zum Schluss könnt ihr sie aufkleben.)

l'artisan/ l'artisane	
le cuisinier / la cuisinière	
le jardinier / la jardinière	
le / la docteur	
le mécanicien/ la mécanicienne automobile	
le pompier/ la pompière	
le coiffeur / la coiffeuse	**ARRIVÉE**

le/la professeur	
le facteur / la factrice	
DÉPART	
le serveur / la serveuse	
le / la spécialiste du nettoyage	
le policier / la policière	
l'infirmière / l'infirmier	

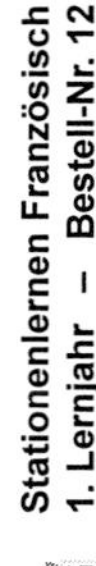
Stationenlernen Französisch / Sekundarstufe I
1. Lernjahr – Bestell-Nr. 12 982
KOHL VERLAG

Station – Les professions

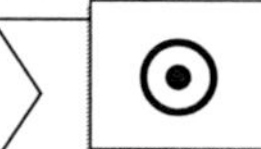

Lösung: **Les professions I**

DÉPART | 

le facteur / la factrice | 

l'artisan/ l'artisane | 

le cuisinier / la cuisinière | 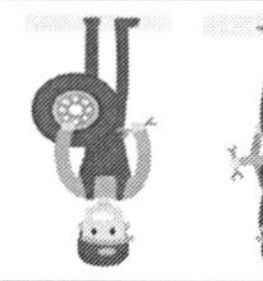

le mécanicien/ la mécanicienne automobile | 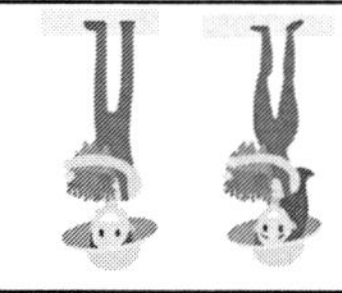

le jardinier / la jardinière | 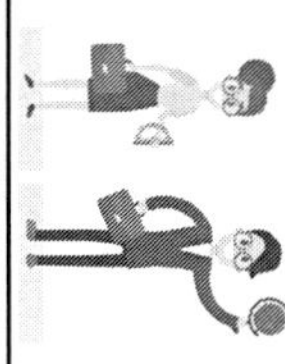

le/la professeur | 

le serveur / la serveuse | 

le / la docteur | 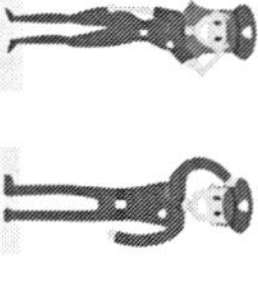

le policier / la policière | 

le pompier/ la pompière | 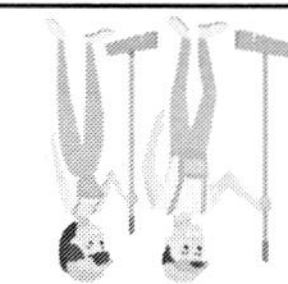

le / la spécialiste du nettoyage

l'infirmière / l'infirmier | 

le coiffeur / la coiffeuse | ARRIVÉE

Station – Les professions

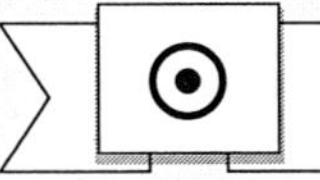

Les professions II

Lis les questions et coche la bonne réponse.
(Lies die Fragen und kreuze die richtige Antwort an.)

	oui	non
Est-ce que c'est un infirmier?	____	____
Est-ce que c'est un peintre?	____	____

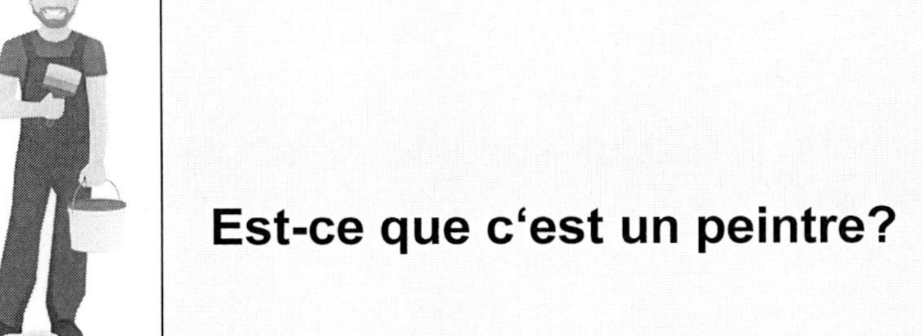

Stationenlernen Französisch / Sekundarstufe I
1. Lernjahr – Bestell-Nr. 12 982

Station – Les professions

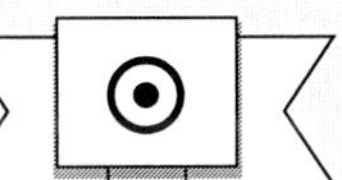

Les professions III

Lis les questions et coche la bonne réponse.
(Lies die Fragen und kreuze die richtige Antwort an.)

	oui	non
Est-ce que c'est une coiffeuse?	____	____
Est-ce que c'est une infirmière?	____	____

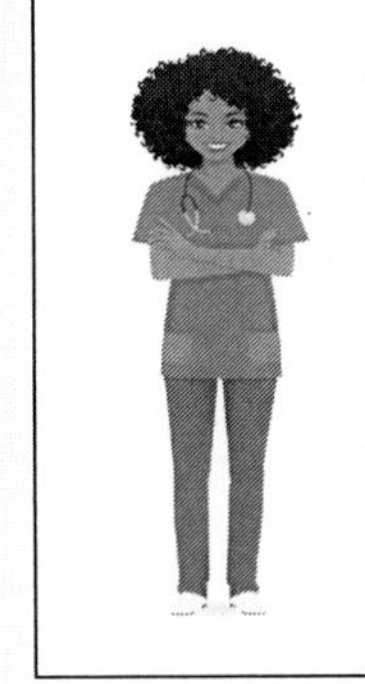

Stationenlernen Französisch / Sekundarstufe I
1. Lernjahr – Bestell-Nr. 12 982

Station – Les professions

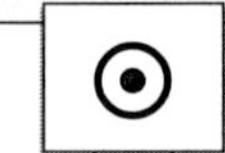

Lösung: **Les professions II**

	oui	non
Est-ce que c‘est un infirmier?	___	X
Est-ce que c‘est un peintre?	X	___

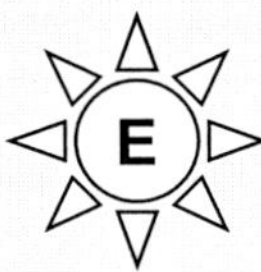

Station – Les professions

Lösung: **Les professions III**

	oui	non
Est-ce que c’est une coiffeuse?	X	___
Est-ce que c’est une infirmière?	X	___

Stationenlernen Französisch / Sekundarstufe I

Station – Les professions

Les professions IV

Comment s'appellent-ils et quelle est leur profession? Lis et écris.
(Wer ist welche Person und welchen Beruf haben sie? Lies und schreib.)

______ **est** ______________.

______ **est** ______________.

______ **est** ______________.

______ **est** ______________.

- Soline travaille dans un restaurant italien en ville. Elle aime parler avec tous les clients.
- Henri travaille dans le même restaurant que Soline. Il aime tous les aliments et il aime préparer les repas.
- Chloé travaille aussi dans un restaurant. Elle a appris à cuisiner dans un restaurant à Paris.
- Jules travaille dans un hôtel. Il sert des repas et des boissons au bar.

Stationenlernen Französisch / Sekundarstufe I
1. Lernjahr – Bestell-Nr. 12 982

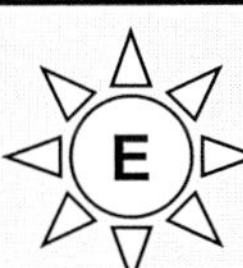

Station – Les professions

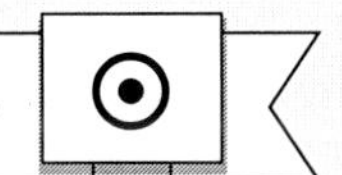

Les professions V

Relie les images avec les bonnes phrases.
(Verbinde die Bilder mit den Aussagesätzen.)

Un charpentier construit le toit d'une maison.

Un ramoneur balaie la cheminée.

Un professeur d'éducation physique enseigne le sport à l'école.

Stationenlernen Französisch / Sekundarstufe I
1. Lernjahr – Bestell-Nr. 12 982

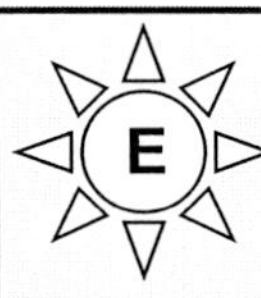

Station – Les professions

Lösung: **Les professions IV**

Jules est serveur.

Soline est serveuse.

Chloé est cuisinière.

Henri est cuisinier.

- Soline travaille dans un restaurant italien en ville. Elle aime parler avec tous les clients.
- Henri travaille dans le même restaurant que Soline. Il aime tous les aliments et il aime préparer les repas.
- Chloé travaille aussi dans un restaurant. Elle a appris à cuisiner dans un restaurant à Paris.
- Jules travaille dans un hôtel. Il sert des repas et des boissons au bar.

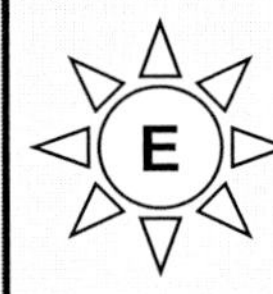

Station – Les professions

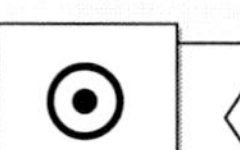

Lösung: **Les professions V**

Un charpentier construit le toit d'une maison.

Un ramoneur balaie la cheminée.

Un professeur d'éducation physique enseigne le sport à l'école.

Station – Les professions

Les professions VI

Où travaillent les gens? Regarde les images, lis les phrases et écris les lieux de travail.
(Wo arbeiten die Personen? Schau dir die Bilder an, lies die Sätze und schreibe den Arbeitsort in die Lücken.)

(l') hôtel • (le) bureau d'architecture • (la) boulangerie • (la) boucherie • l'hôpital • (les) chantiers

C'est Gabriel. Il est boucher. Il travaille avec sa femme dans sa propre ____________.

C'est Juliette. Elle est architecte.
Elle travaille au ________________ de son père.

C'est Édouard. Il est boulanger.
Il a sa propre ______________.

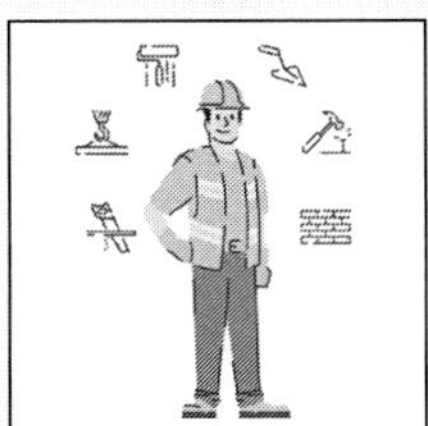

C'est Frédèric. Il est maçon.
Il travaille sur les différents _______________.

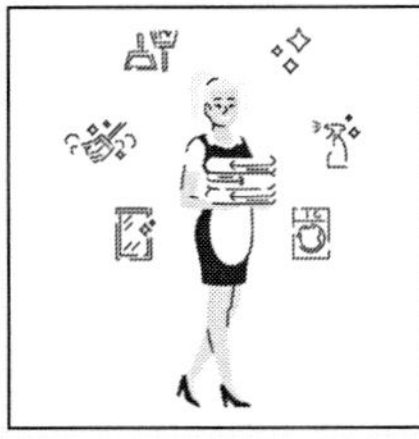

C'est Déborah. Elle travaille comme femme de ménage dans un ________ international.

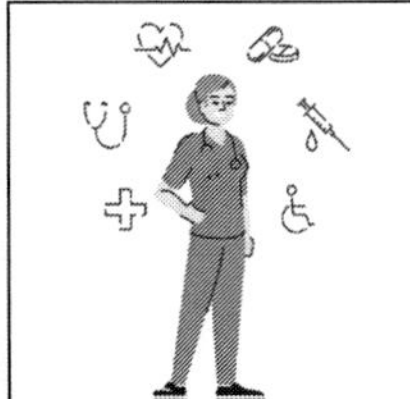

C'est Isabelle. Elle est infirmière et elle travaille à ______________ local.

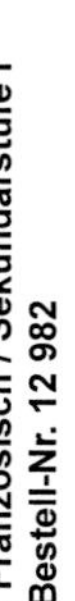
Stationenlernen Französisch / Sekundarstufe I
1. Lernjahr – Bestell-Nr. 12 982
KOHL VERLAG

Station – Les professions

Lösung: **Les professions VI**

(l‘) hôtel • (le) bureau d’architecture • (la) boulangerie • (la) boucherie • l’hôpital • (les) chantiers

C‘est Gabriel. Il est boucher. Il travaille avec sa femme dans sa propre **boucherie**.

C‘est Juliette. Elle est architecte.
Elle travaille au **bureau d‘architecture** de son père.

C‘est Édouard. Il est boulanger.
Il a sa propre **boulangerie**.

C‘est Frédèric. Il est maçon.
Il travaille sur les différents **chantiers**.

C‘est Déborah. Elle travaille comme femme de ménage dans un **hôtel** international.

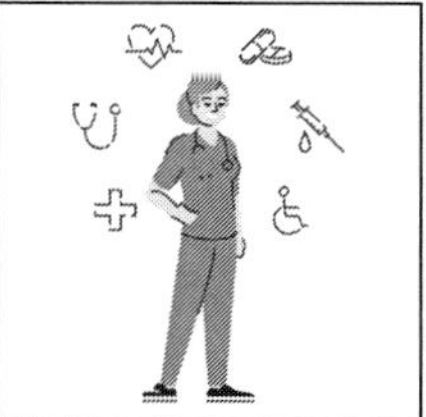

C‘est Isabelle. Elle est infirmière et elle travaille à **l’hôpital** local.

Station – Les professions

Les professions VII – A

Découpe les images et pose-les sur la table. Écoute ton partenaire, place les personnes dans le bon ordre et répond à sa question. Jouez à tour de rôle.
(Schneide die Bilder aus und lege sie auf den Tisch. Höre deinem Partner/deiner Partnerin zu und lege die Personen in der richtigen Reihenfolge. Beantworte die Frage nach dem Beruf. Wechselt euch ab.)

Images pour partenaire A

1	2	3	4

Il/Elle est ______ ______ ______ ______

Stationenlernen Französisch / Sekundarstufe I
1. Lernjahr – Bestell-Nr. 12 982
KOHL VERLAG

Station – Les professions

Les professions VII – B

Images pour partenaire B

1	2	3	4

Il/Elle est ______ ______ ______ ______

Stationenlernen Französisch / Sekundarstufe I
1. Lernjahr – Bestell-Nr. 12 982

Station – Les professions

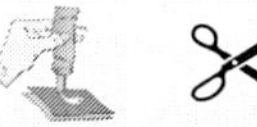

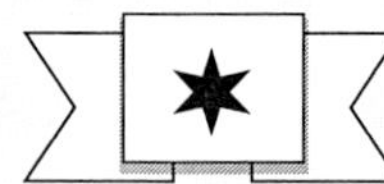

Lösung: Les professions VII – A

Texte pour partenaire B

Numéro 1: Cette personne pilote un avion. C'est quoi, le métier?
Numéro 2: Cette personne vend de la viande. C'est quoi, le métier?
Numéro 3: Cette personne te coupe les cheveux. C'est quoi, le métier?
Numéro 4: Cette personne te livre des colis et des paquets. C'est quoi, le métier?

Solution pour partenaire A

Il/Elle est **pilote** **boucher** **coiffeuse** **facteur**

Station – Les professions

Lösung: Les professions VII – B

Texte pour partenaire A

Numéro 1: Cette personne fait du pain et des gâteaux. C'est quoi, le métier?
Numéro 2: Cette personne t'aide quand tu es malade. C'est quoi, le métier?
Numéro 3: Cette personne travaille dans un restaurant. Elle apporte les commandes à la table des clients. C'est quoi, le métier?
Numéro 4: Cette personne travaille dehors avec toutes sortes de plantes. C'est quoi, le métier?

Solution pour partenaire B

Il/Elle est **boulanger** **docteur** **serveur** **jardinière**

Station – Les activités & les loisirs

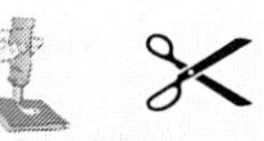

Les activités & les loisirs I

Coupe les mots et colle-les sur les lignes correspondantes.
(Schneide die Wörter aus und klebe sie an die richtige Stelle.)

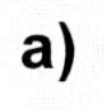

b)

d)

e)

f)

g)

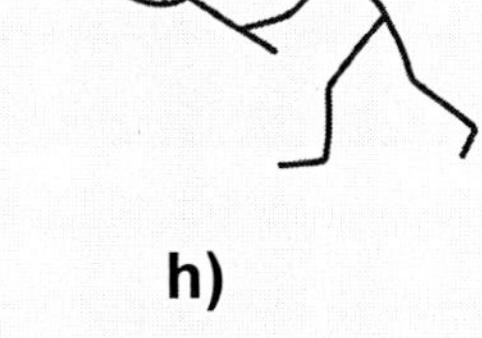

h)

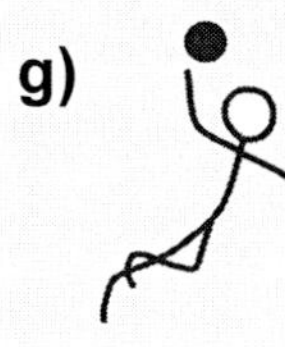

i)

j)

k)

a) ______________________________

b) ______________________________

c) ______________________________

d) ______________________________

e) ______________________________

f) ______________________________

g) ______________________________

h) ______________________________

i) ______________________________

j) ______________________________

k) ______________________________

faire du vélo	monter à cheval	jouer au tennis
jouer au handball	faire du skateboard	jouer au basketball
jouer au football	faire du ski	jouer au hockey sur glace
danser	nager	

KOHL VERLAG Lernen mit Erfolg
Stationenlernen Französisch / Sekundarstufe I
1. Lernjahr – Bestell-Nr. 12 982

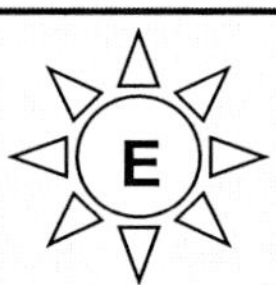

Les activités & les loisirs

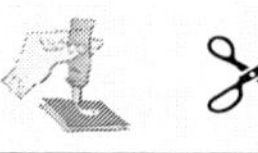  

Lösung: **Les activités & les loisirs I**

a) 

b) 

c)

d) 

e)

f) 

g)

h) 

i) 

j) 

k) 

a) monter à cheval

b) faire du skateboard

c) jouer au hockey sur glace

d) faire du vélo

e) jouer au basketball

f) jouer au tennis

g) jouer au handball

h) faire du ski

i) nager

j) danser

k) jouer au football

Les activités & les loisirs

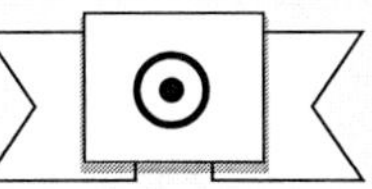

Les activités & les loisirs II – A

Fais une dictée avec un partenaire. Partenaire B lit la première phrase. Partenaire A cherche l'image et y écrit la phrase correspondante. Puis partenaire A lit la première phrase et partenaire B l'écrit sur la ligne correspondante.
(Macht ein Partnerdiktat. Partner B liest den ersten Satz. Partner A sucht das Bild und schreibt den Satz zum passenden Bild. Wechselt euch ab. Dann liest Partner A den ersten Satz und Partner B schreibt ihn zum passenden Bild.)

Partenaire A écrit les phrases

____
____.

____
____.

____
____.

____
____.

____
____.

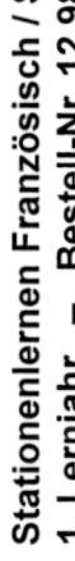

Stationenlernen Französisch / Sekundarstufe I
1. Lernjahr – Bestell-Nr. 12 982

Les activités & les loisirs

Lösung: Les activités & les loisirs II – A

Partenaire B lit les phrases

1. Aliette et Cédric aiment jouer au minigolf en été.
2. Paulette et Hervé font de l'athlétisme deux fois par semaine.
3. Louise, Jean, André et Céline jouent au football dans une équipe de football.
4. Emmanuel joue très bien du clavier. Il veut devenir musicien.
5. Didier et Yves aiment lire des livres l'après-midi.

Emmanuel joue très bien du clavier. Il veut devenir musicien.

Paulette et Hervé font de l'athlétisme deux fois par semaine.

Aliette et Cédric aiment jouer au minigolf en été.

Didier et Yves aiment lire des livres l'après-midi.

Louise, Jean, André et Céline jouent au football dans une équipe de football.

Les activités & les loisirs

Les activités & les loisirs II – B

Partenaire B écrit les phrases

____

____.

____

____.

____

____.

____

____.

____

____.

KOHL VERLAG Lernen mit Erfolg
Stationenlernen Französisch / Sekundarstufe I
1. Lernjahr – Bestell-Nr. 12 982

Les activités & les loisirs

Lösung: Les activités & les loisirs II – B

Le partenaire A lit les phrases

1. Déborah et Bastien ont un trampoline dans leur jardin. Ils aiment sauter haut.
2. M. Leclercq aime prende des photos pendant son temps libre.
3. Yvonne, Philippe et Olivier vont à la gym tous les lundis.
4. Pia joue du violon depuis qu'elle a cinq ans.
5. Françoise et son père font du camping le week-end. Ils pêchent toujours.

M. Leclercq aime prendre des photos pendant son temps libre.

Déborah et Bastien ont un trampoline dans leur jardin. Ils aiment sauter haut.

Pia joue du violon depuis qu'elle a cinq ans.

Françoise et son père font du camping le week-end. Ils pêchent toujours.

Yvonne, Philippe et Olivier vont à la gym tous les lundis.

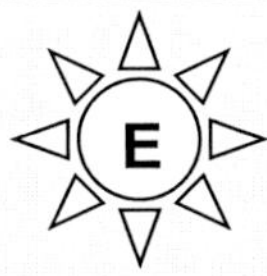

Station – Les pays francophones

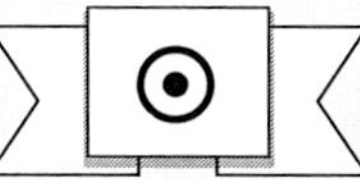

Les pays francophones I

Est-ce que tu connais les pays francophones? Relie les mots avec les bonnes images. (Kennst du die französischsprechenden Länder? Ordne die Wörter dem richtigen Land zu.

1 __

2 __

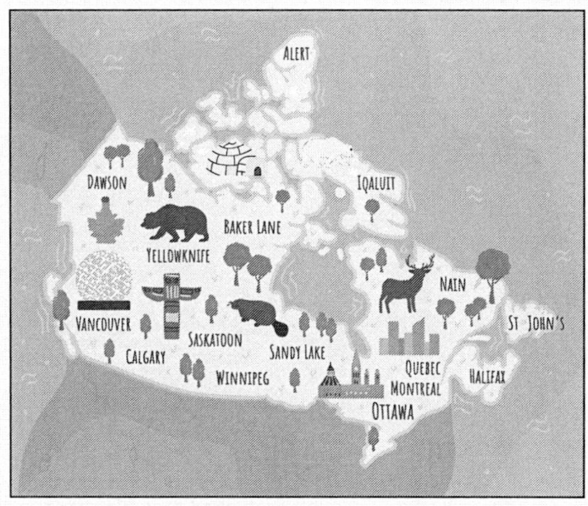

3 __

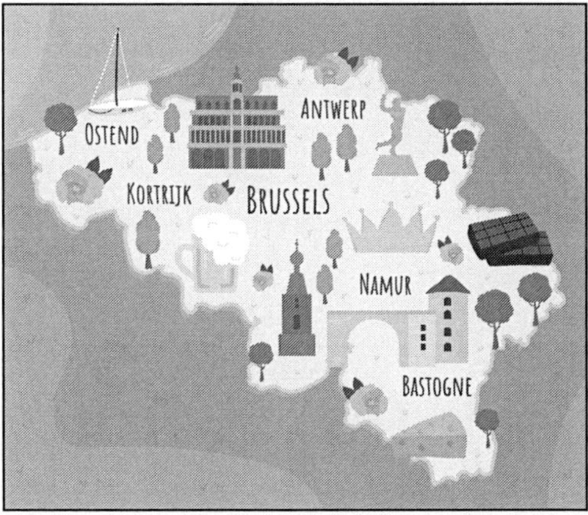

4 __

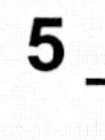

5 __

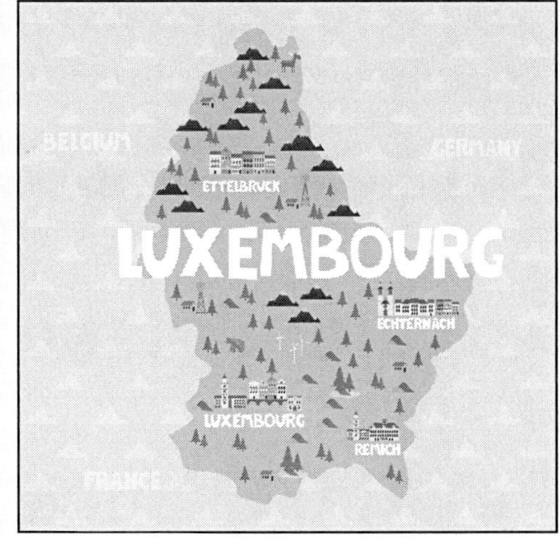

a) (la) Belgique

b) (le) Canada

c) (le) Luxembourg

d) (la) Suisse

e) (la) France

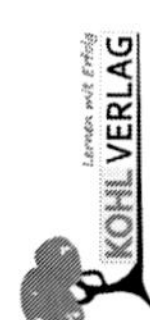

KOHL VERLAG
Stationenlernen Französisch / Sekundarstufe I
1. Lernjahr – Bestell-Nr. 12 982

Station – Les pays francophones

Lösung: <u>**Les pays francophones I**</u>

1 e

2 b

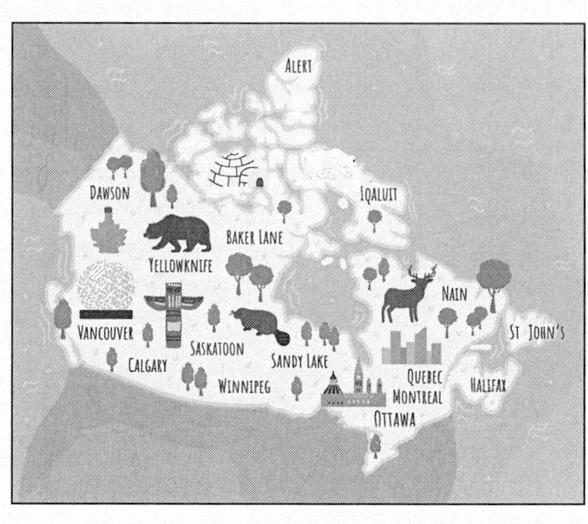

3 a

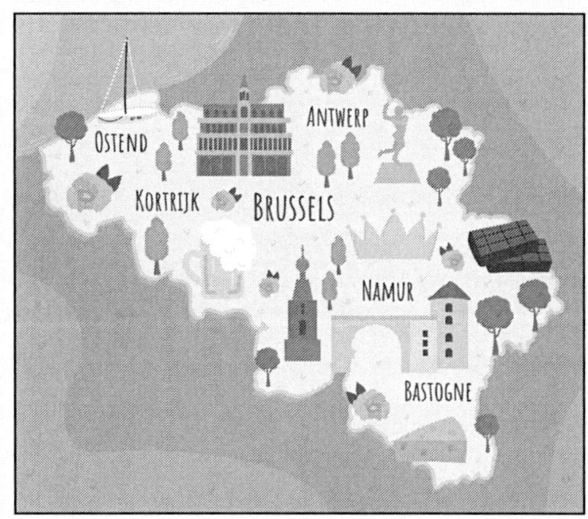

4 d

5 c

a) (la) Belgique

b) (le) Canada

c) (le) Luxembourg

d) (la) Suisse

e) (la) France

Station – Les pays francophones

Les pays francophones II

Lis les questions et coche la bonne réponse.
(Lies und kreuze die richtige Antwort an.)

L'Arc de Triomphe est ...

__ à Paris.

__ à Bruxelles.

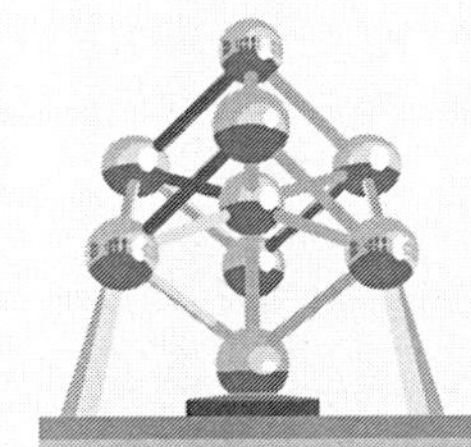

L'Atomium est ...

__ une statue.

__ un bâtiment.

Ce bâtiment est ...

__ la Tour Montparnasse.

__ la Tour Eiffel.

Notre-Dame de Paris est ...

__ une cathédrale.

__ une école.

Stationenlernen Französisch / Sekundarstufe I
1. Lernjahr – Bestell-Nr. 12 982
KOHL VERLAG

Station – Les pays francophones

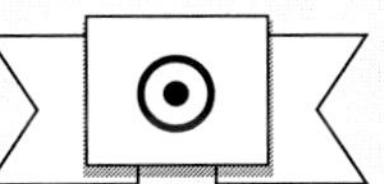

Les pays francophones III

Lise les phrases et remplis les mots. (Lies die Sätze und fülle die Lücken aus.)

(la) France • (le) Canada • (la) Suisse • (la) Belgique

Ottawa est la capitale du ______________.

Bruxelles est la capitale de la ______________.

Paris est la capitale de la ________________.

Berne est la capitale de la ____________.

Stationenlernen Französisch / Sekundarstufe I
1. Lernjahr – Bestell-Nr. 12 982

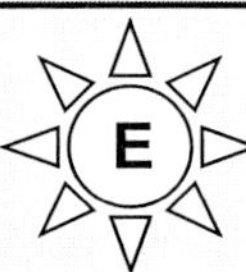

Station – Les pays francophones

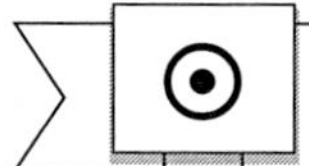

Lösung: **Les pays francophones II**

L'Arc de Triomphe est …

X à Paris.

__ à Bruxelles.

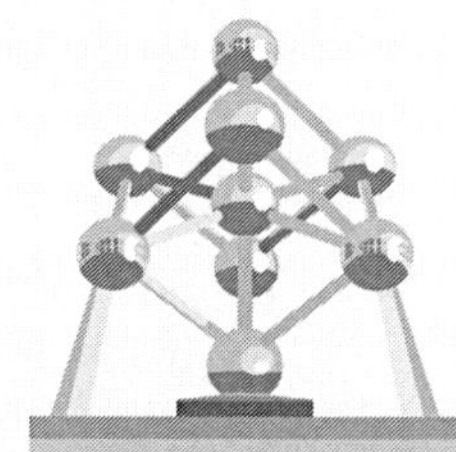

L'Atomium est …

__ une statue.

X un bâtiment.

Ce bâtiment est …

__ la Tour Montparnasse.

X la Tour Eiffel.

Notre-Dame de Paris est …

X une cathédrale.

__ une école.

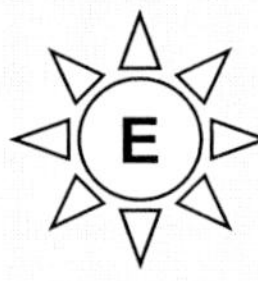

Station – Les pays francophones

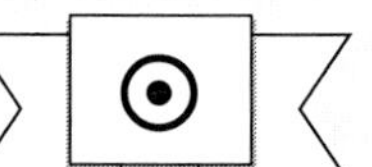

Lösung: **Les pays francophones III**

(la) France • (le) Canada • (la) Suisse • (la) Belgique

Ottawa est la capitale du Canada.

Bruxelles est la capitale de la Belgique.

Paris est la capitale de la France.

Berne est la capitale de la Suisse.

Stationenlernen Französisch / Sekundarstufe I

Station – Les pays francophones

Les pays francophones IV

Coupe les images et colle-les dans le champ approprié. Ensuite parle à ton partenaire: «Voici la cathédrale Notre-Dame. Elle est en France.»
(Schneide die Bilder aus und klebe sie zum richtigen Land. Sprich danach mit deinem Partner/deiner Partnerin: „Das ist die Kathedrale Notre Dame. Sie ist in Frankreich.“)

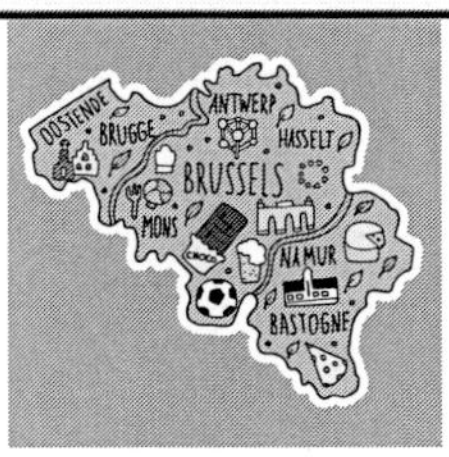

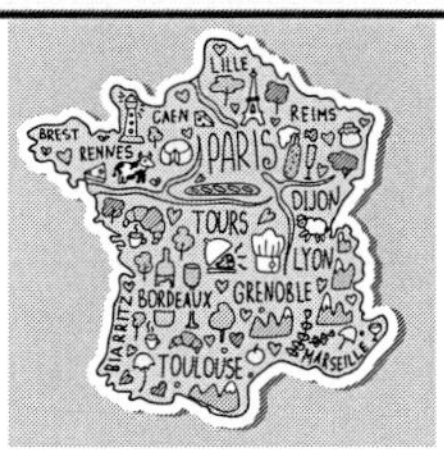

l'Atomium	la Tour Eiffel	la cathédrale Notre-Dame
l'Arc de Triomphe	l'hôtel de ville	

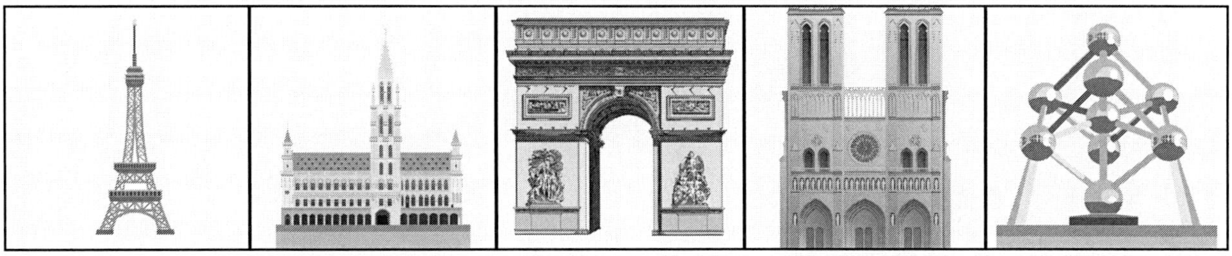

Stationenlernen Französisch / Sekundarstufe I
1. Lernjahr – Bestell-Nr. 12 982
KOHL VERLAG

Station – Les pays francophones

Lösung: **Les pays francophones IV**

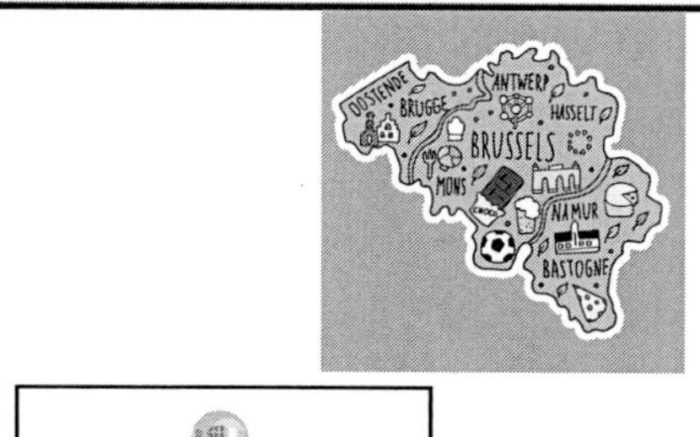

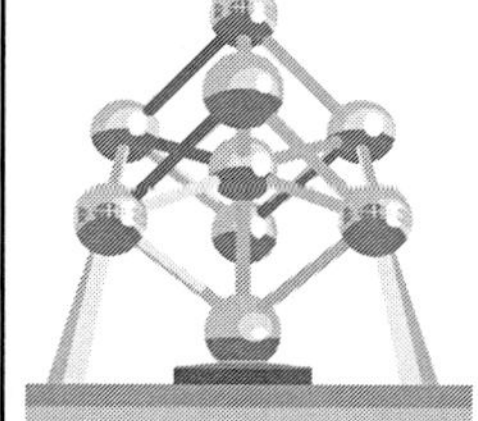

l'Atomium

l'hôtel de ville

la Tour Eiffel

l'Arc de Triomphe

la cathédrale Notre-Dame